跨文化交际背景下的
对比语言学研究

宁 静 著

北京工业大学出版社

图书在版编目（CIP）数据

跨文化交际背景下的对比语言学研究 / 宁静著. —北京：北京工业大学出版社，2020.11（2021.11重印）
ISBN 978-7-5639-7724-6

Ⅰ.①跨… Ⅱ.①宁… Ⅲ.①对比语言学 Ⅳ.①H0

中国版本图书馆CIP数据核字（2020）第220153号

跨文化交际背景下的对比语言学研究
KUAWENHUA JIAOJI BEIJING XIA DE DUIBI YUYANXUE YANJIU

著　　者：	宁　静
责任编辑：	刘卫珍
封面设计：	点墨轩阁
出版发行：	北京工业大学出版社
	（北京市朝阳区平乐园100号　邮编：100124）
	010-67391722（传真）　bgdcbs@sina.com
经销单位：	全国各地新华书店
承印单位：	三河市腾飞印务有限公司
开　　本：	710毫米×1000毫米　1/16
印　　张：	11.5
字　　数：	230千字
版　　次：	2020年11月第1版
印　　次：	2021年11月第2次印刷
标准书号：	ISBN 978-7-5639-7724-6
定　　价：	52.00元

版权所有　翻印必究

（如发现印装质量问题，请寄本社发行部调换 010-67391106）

前　言

随着国际化趋势的不断深化，跨文化交际在全球范围内日益兴盛。中国要想在新时期获得文化战略上的胜利，就必须重新审视时代和国际社会对不同民族文化的需求，并以"求同存异"的文化发展思维来推动当代中国社会文化的发展。而跨文化交际是一门新兴学科，随着我国对跨文化交流事业的重视度日益提升，这一学科的相关学术研究成果也得到了一定程度的积累，这为我国各行各业开展跨文化合作工作提供了理论指导。

对比语言学属于语言学的研究范畴，这一学科注重理论研究与实践应用的结合。研究对比语言学，能够发现两种及以上语言之间的异同点，进而从中总结出跨文化交流的基本方式与思维方法。因此，对比语言学研究在当今时代具有极高的应用价值，对推动中外合作、中外交流有着直接的指导意义，并对我国国际形象的树立、国际地位的巩固、国际话语权的提升有着重要的推动作用。

本书共分为五章。第一章从整体上对跨文化交际进行了介绍，并就文化的定义与特征、跨文化交际与文化交际学、跨文化的一般类型这三方面展开了详细论述；第二章研究的主题为语言与文化的关系，其中对语言的本质与功能、语言与文化的基本关系这两方面进行了深入探讨；第三章分别对对比语言学的本体论与方法论进行了论述；第四章为跨文化语用对比研究，主要分为语言使用与文化差异、言语行为与文化差异两个部分；第五章为跨文化语篇对比研究，分为三个部分，即跨文化语篇差异研究的基本理论、篇章的粘连性与连贯性对比研究、语篇结构差异的对比分析。

在撰写本书的过程中，作者遇到了许多困难，为此特意请教了多位专家学者，并得到了多方的鼓励和帮助，在此表示真诚的感谢。然而，由于作者自身知识储备尚不充足、写作能力尚待提高，因此书中难免有所疏漏。恳请广大读者能够对本书进行批评和指正，作者将会积极听取各方的意见和建议，不断对本书进行修改和完善。

目　录

第一章　跨文化交际概述 …………………………………………………… 1
　第一节　文化的定义与特性 ………………………………………………… 1
　第二节　跨文化交际与文化交际学 ……………………………………… 10
　第三节　跨文化交际的一般类型 ………………………………………… 21

第二章　语言与文化的关系 …………………………………………………… 39
　第一节　语言的本质与功能 ……………………………………………… 39
　第二节　语言与文化的基本关系 ………………………………………… 49

第三章　对比语言学的本体论与方法论 …………………………………… 65
　第一节　对比语言学的本体论 …………………………………………… 65
　第二节　对比语言学的方法论 …………………………………………… 89

第四章　跨文化语用对比研究 ……………………………………………… 113
　第一节　语言使用与文化差异 …………………………………………… 113
　第二节　言语行为与文化差异 …………………………………………… 128

第五章　跨文化语篇对比研究 ……………………………………………… 145
　第一节　跨文化语篇差异研究的基本理论 ……………………………… 145
　第二节　篇章的粘连性与连贯性对比研究 ……………………………… 158
　第三节　语篇结构差异的对比分析 ……………………………………… 170

参考文献 ……………………………………………………………………… 177

第一章 跨文化交际概述

本章通过介绍文化的定义与特性、跨文化交际与跨文化交际学、跨文化交际的一般类型来对跨文化交际进行梳理和总结。

第一节 文化的定义与特性

一、文化的定义

（一）文化的定义的重要性

文化的定义一直是国内外学者们研究、争论的重点，但时至今日也并没有一个公认的结论。由此可见，文化的定义是非常重要的。因此在谈论到跨文化交际学时，对文化进行定义也是必不可少的一环，其主要原因有以下几点。

第一，文化是跨文化交际的中心问题。在跨文化交际研究中，文化比较是不可避免的。如果对文化的理解不同，比较就不可能准确，甚至比较的东西也可能不同。因此，在对跨文化交际的一些具体问题进行研究之前，我们必须首先了解什么是文化。

第二，学科本身的科学性和精确性与术语界定的准确性息息相关，因此不管是哪门学科，做研究之前，都要先界定学科的术语内涵。若是没有对重要的学科术语进行界定就开始讨论，那么这种讨论终将是有失偏颇甚至是错误的。

第三，对文化定义进行探讨对我们真正了解和掌握文化的本质和特征是有帮助的。各学科的学者都试图对文化进行准确的界定，他们的解释都有各自的特色和侧重点，是从不同角度对文化本质的一种解读。因此，探讨文化的定义，不仅是如何理解文化这个词的问题，也是深刻理解文化本质的必由之路。

（二）文化定义的一般性讨论

近年来，"文化"一词被频繁使用。学者们讨论了许多重要问题，如中国文化传统与现代化的关系、东西方文化的比较等。虽然所有人都使用文化这个词，但他们对它的含义有不同的理解。

正是因为"文化"一词使用频繁，范围也很广泛，所以其内涵和外延都是相当丰富的，这也在无形中增加了其含义界定的难度。

早在21世纪初，我国学术界对于文化定义的界定就呈现百家争鸣之势。有的学者，如梁漱溟，对于文化的定义比较宽泛。梁漱溟认为政治、生活、经济等内容都属于文化的范畴，文化应该是一个无所不包的概念。有的学者，如陈独秀，则将文化界定于较为狭窄的定义之中。陈独秀认为文化是文学、美术、音乐、哲学和科学这一类的综合概念，与其他的理念是不相关的。

《现代汉语词典》对"文化"一词的具体界定和解释如下：

①人类在社会历史发展过程中所创造的物质财富和精神财富的总和，特指精神财富，如文学、艺术、教育、科学等。

②考古学用语，指同一个历史时期的不依分布地点为转移的遗迹、遗物的综合体。同样的工具、用具，同样的制造技术等，是同一种文化的特征，如仰韶文化、龙山文化。

定义②与我们的讨论关系不大，可以忽略。定义①包括两个方面：一方面，一般指人类物质上的财富和精神上的财富的总和；另一方面，具体指文学、艺术、科学等。

从20世纪80年代开始，人们对文化的讨论就有关于文化定义问题的讨论，通常也是两种趋势。一种是广义的定义方法，认为文化是一种独特的创造，不同于其他动物，包括人类物质和精神征服所创造的一切成就；另一种是限定的定义方法，它把文化看作人类创造的精神实现。

一般情况下，人们还会从以下三个不同的角度界定文化：

①从人的角度看，文化的本质是与人的本质相联系的。文化作为一种人类区别于动物的基本形态，本质上是一种与自然对立的人工制品，创造是它的本质。

②从社会功能的角度来界定，强调文化是生产力，是信息和知识，是一种文化心态和符号系统。

③从传播学的角度来界定，强调传播是文化的本质，没有传播就没有文化。

有学者认为，文化应该是全人类创造的物质财富和精神财富的总和。他们按以下三个层次划分文化。第一个层次是物质文化，它是由人的主观意志转化而来的。第二个层次主要包括政治经济制度、法律、文艺作品、人际关系、日常行为等。第三个层次是心理层面，也就是观念文化层面，它包括人们的价值观、思维方式、审美情趣、道德情感、宗教情感和民族心理等。

在英语中，culture 也是一个难以解释的词。雷蒙·威廉斯认为：英语中最复杂的两个或三个词中一定有 culture 的一席之地，据其分析，一个原因是这个词在几个欧洲语言中经历了复杂的历史演变，另一个原因是它作为一个重要的概念被应用于多个不同的学科。根据雷蒙·威廉斯的分析，今天，culture 主要用于三个范畴：①用来描述知识、精神和美学发展的一般过程；②用来表达一种生活方式，一个民族、一个时期、一个群体或所有人的生活方式；③用来描述智力，尤其是艺术活动的实践和成就。

（三）文化定义的学术性探讨

人类学家，特别是文化人类学家，一直以来都非常重视文化，对文化的定义也进行了许多探讨。其中克罗伯和克拉克洪的探讨是所有探讨中最有深度的。他们于1952年发表了专著《文化：概念和定义的批判性回顾》，在这本书中，二位学者列举了近300个文化定义，并对文化一词在历史中的意义做了回顾与总结，对其不同的含义进行了专业的评述。也正因如此，尽管此书出版至今已近70年，但它的影响力依然没有消退，许多研究人类学与文化的学者依然经常引用本书的观点。可以说，到目前为止，没有一本书能够真正超越他们对文化定义的讨论。

虽然中国学者在讨论文化时不时提到这本书，但他们的讨论通常不涉及书中的具体内容，所以有必要做一个详细的介绍。克罗伯和克拉克洪从1871年开始，从各学科的专家学者那里收集了文化的定义，包括人类学家、社会学家、心理学家、哲学家和自然科学家对文化的定义。在书的第二部分，共列出164个定义。此外，在第三部分和脚注中，涉及100多个定义，总共约300个定义。其中一些定义是专家学者经过反复思考和讨论后正式提出的，一些定义在专著中偶然提到；此外还有部分定义是不完整、有待补充的。因此，这300个定义的价值和分量各不相同。克罗伯和克拉克洪将这些定义划分为六类：①列举描述性的；②历史性的；③规范性的；④心理性的；⑤结构性的；⑥遗传性的。

（四）当代文化的定义

学者们提出的文化定义集中了几代人的智慧，是有其合理的成分的。人类学家爱德华·泰勒于1871年在《原始文化》一书中提出的定义，至今仍是最全面、最精确的定义之一，影响也很大。他著名的定义是："所谓文化文明，是指个人作为社会成员所获得的知识、信仰、艺术、道德、法律、风俗以及任何其他技能和习惯的综合体。"值得注意的是，他强调的是知识、风俗、技能、习惯等，而不是具体的物体。

克拉克洪和凯利对文化做了简明的定义。他们认为文化包含显性和隐性风格，并倾向于供整个群体共享。克拉克洪对文化的定义虽然很短，但它揭示了一些重要的内容：①文化是社会的遗产，而不是遗传的；②文化是群体共享的，不是个人意志的转移；③文化是一种涵盖生活方方面面的生活方式；④文化的形式十分丰富和多样，有显性的文化也有隐形的文化。

克拉克洪关于文化的另一个定义是："所谓文化，是指历史上创造的一切生活方式，包括显性的和隐性的，包括一切合理的、杂乱无章的、不合理的、凌乱的，它作为一个特定时期人们行为的潜在指南而存在。"在这里，他指出了两个重要的概念：文化的相对性和作为人们行为指南的文化。

在本书中我们不妨把克拉克洪的定义作为我们对于文化的定义。概括以上的各种定义，我们可以得出下面的一些看法：

①文化是人们经过长期努力创造出来的，是社会的遗产；
②文化不仅包括信仰、价值观念、风俗习惯、知识，还包括物品和工具；
③文化是人们行动的指南，为人们提供问题的答案；
④文化不是先天就有的，而是后天习得的；
⑤价值观是文化的核心，不同的文化可以根据不同的价值观加以区分。

文化的定义和阐释对于我们理解文化的基本性质具有重要的意义，因此在本部分中笔者对其进行了较为详细的解释与讨论。在后文中，文化的定义及其相关内容在本书中仍将占据重要地位。

二、文化的特性

（一）文化是人类区别于动物的主要标志

文化是社会遗产，不是生理遗产。动物的有些能力是它们的本能。比如，随着季节的变化，候鸟成群结队飞越大陆，穿越海洋，改变原来的栖息地，从天寒的地方到暖和的地方，这完全是本能。实验证明，它们天生就有根据恒星判断正确方位的能力。

日本人类学家祖父江孝男认为，人和动物的区别并不在于人能学，而动物学不到，许多例子表明动物也是可以学习的。实验表明，猫捉老鼠不是出于本能，而是学习的结果。有些人把新生的小猫分成三组，每组21只。第一组小猫和老鼠一起喂养，第二组小猫单独喂食，第三组小猫则和母猫一起。实验结果是，第三组的18只小猫都开始捕鼠，而第二组只有4只猫能捉到老鼠，而第一组只有3只猫能捉到老鼠。这说明猫捉老鼠的行为是学习的结果。祖父江孝男认为只有人类有语言，而动物没有语言，最好的猿类没有语言中枢，因此信息的传递受到很大的限制。美国动物心理学家克劳福德做过黑猩猩的实验，发现两只黑猩猩可以通过试错实验学会把绳子拉在一起，把食物拖进笼子里。然而，当实验者放入另一只猩猩时，这两只猩猩就不合作了。无论第一只猩猩做出什么手势和姿势来吸引新猩猩的注意，这两只猩猩都不能合作。同样的试错过程需要重复一段时间才能让两只猩猩学会合作。如果人们处于同样的情况下，他们会用语言把他们获得的经验传授给同事。正是因为人类有一种语言，人类的知识才能积累，文化才能传播。

在一个没有语言的社会里，人们会通过口对口的方式传递自己的生活经历、知识、信仰和思想。在一个文字社会里，人们代代相传法律法规、古典文学艺术，家庭、学校、各种社会团体和大众传媒都是传播文化的有效手段。也正是因为文化这样代代相传的传承方式，每种现有的文化都是长期以来文化积淀的产物。

（二）文化是后天习得的

一个人的文化不取决于他们的种族，而取决于他们所处的文化环境。有学者曾说，通过文化研究，婴儿可以成为部落男子，或印度农民，或纽约曼哈顿公寓的居民。饥饿、干渴、性和其他生物驱动力不断被文化习俗重塑和改造。不只语言、风俗习惯、时尚和信仰是后天习得的，甚至一些看似天生的现象也是在社会中真正习得的。例如，许多人的姿势和动作都与文化有关。祖父江孝男用日本的例子解释说：日本人说话的时候，几乎不做手势，也不会摇肩。然而，如果是美国人，他们说话的时候会张开双手，摇动肩膀。同样有日本血统，但是出生在美国、成长在美国的第二代，却会呈现出美国式的耸肩姿态。

克拉克洪曾经以一个在中国长大的美国孩子为例，以此说明文化对人的影响力是多么的强大。曾经有一个被中国家庭抚养长大的美国孩子，在他初次回到美国时，人们发现他除了外貌上保留着金发碧眼等美国人的特征之外，他的表情、动作甚至是走路的步伐，全部都是典型的中国人的样子。这就是文化环境对个体的影响力，生活在同一文化环境中的人，其思维习惯和生活方式等多个方面的特征，都会带有该地区文化的烙印。例如，墨西哥的农民习惯于蹲着，但是美国人却十分厌恶这种姿势，将其视为不礼貌的动作。表面上看，一个人选择蹲着或是坐着似乎是与文化无关的，但究其根本仍是他们所处的文化大环境所决定的。

人们的饮食习惯和口味也是后天养成的，一个民族讨厌的食物有可能是另一个民族喜欢的美食。有些奶酪有难闻的气味，中国人吃不惯，却是欧洲人的日常食物，甚至认为它是珍宝。有的部落不吃鸡蛋和鸡；有的部落不仅吃鸡蛋，还喜欢吃臭鸡蛋。大多数人厌恶吃昆虫，但澳大利亚土著人认为树上的毛虫是美味的食物。

疼痛是人类常见的生理反应，但人们在疼痛中的行为方式因文化而异，因为在不同文化中，父母对孩子行为模式的教导各不相同，所以人们学会了如何对疼痛做出反应。有人调查了不同民族的同一疾病患者，发现犹太人和意大利人自由自在地抱怨痛苦，会毫无顾忌地大声呻吟、呜咽、哭泣来表达痛苦，他们并不为这种情绪外露感到羞耻，因为在他们成长的过程中，他们的父母，特别是他们的母亲，对他们的健康表现出特别的关心和在意，经常建议他们不要这样那样做。受委屈时，哭能让他们很快就赢得家长的同情和关心。调查发现，"老美国人"（指早期从英国或北欧迁居美国的移民）在生病后很少会情绪激动地抱怨疼痛。当痛苦使他们难以忍受时，他们表现出来的是让自己可以独处，然后毫无顾忌地呻吟。这是因为在他们的家庭里，父母经常告诉他们的孩子不要事事都找大人，有痛苦的时候要忍耐，对待痛苦要像个男子汉。

不仅儿童可以学习其他民族的文化，成人面对不同民族的文化也会有意识地吸收。许多学生在学习其他国家的语言时，会有意或无意地学习这个国家的文化和风俗习惯。例如，学习英语的学生在课堂上往往更放松、更随意；学习日语的学生在课堂中常常会坐得十分端正，生活中也会经常出现深鞠躬的姿势；学习阿拉伯语的学生往往讲话的声音都比较大，这与阿拉伯语国家的交流方式是息息相关的。同样，在学习汉语时，外国留学生通常也会学习中国的文化习俗和生活方式。

在中国历史上，中国文化与其他民族文化经常融合、渗透。中国民族文化的形成过程，是一个吸收和融合其他民族文化的过程。正是因为大规模的文化输入有着大规模的文化贡献，汉唐时期是中国文化的繁荣时期，所以中国文化处于"坐集千古之智"的佳境。

鲁尼·本尼迪克特指出："纵观世界，从人类的历史来看，无数的事实表明，人们可以将其他后代的文化视为自己的文化。人类生理机制中没有任何东西会使这一过程变得困难。人类的生理机制并没有详细规定人类必须承担某种特定的行为。"

（三）文化具有不自觉性

文化的大部分内容都存在于人的潜意识当中，这也是文化研究的难点之一。人在以文化为指导展开行动时，并不会感受到自己实际上在被文化所影响着。相反，人们会感到这一切的发生都是很自然的，就像人会呼吸氧气一样，只有当人缺氧时，才会突然感觉到氧气的重要性。我们认为我们自己文化的许多方面是确定的，只有当我们接触到不同的文化时，我们才会感到自己文化的独特性。

克拉克洪曾说过，有些文化是显性的，有些是隐性的。事实上，文化的许多部分是看不见的。有些学者把文化比作冰山。我们能看到的只是一小部分，但我们看不到的是大部分。

图 1-1-1 这张文化"冰山"图中，露出"水面"的、可以被一眼观察到的只有服装、音乐、语言、手势、建筑以及文学艺术作品等。这些成果能让我们较为容易地感知到，并能将其与某种文化进行联系。但"水面"之下的部分，如时间观念、生活习俗、信仰、人与人之间的关系等，都是不能被轻易感知到的。

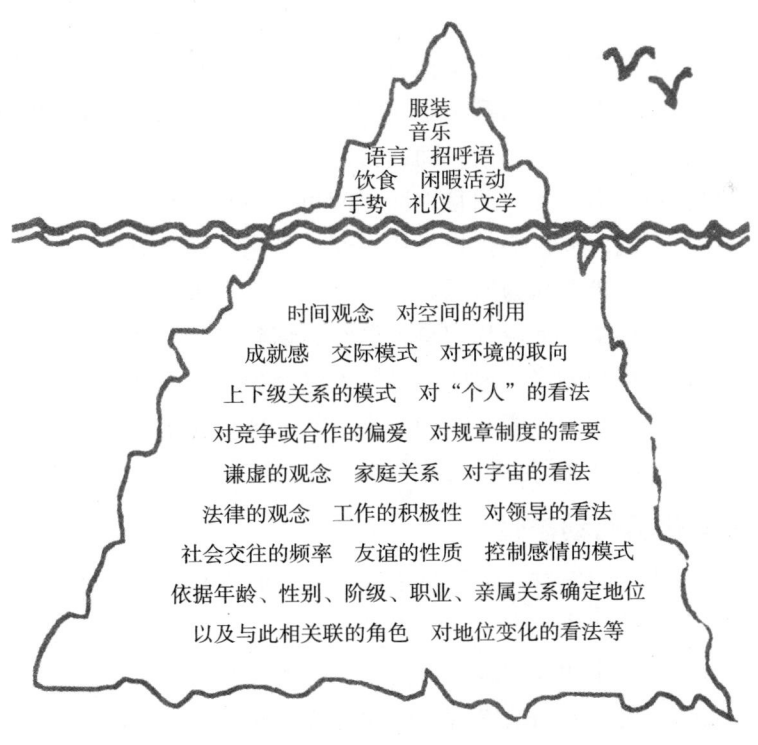

图 1-1-1 文化"冰山"图

综上所述,当有人问我们中国文化是什么的时候,文物古迹、中国的烹调、经典文学作品、各种节日庆祝的形式等通常是我们首先想到的。我们可能不会觉得我们的日常行为其实也充满了中国文化。我们认为我们每天早上都会问候亲戚、同事和邻居有什么值得注意的。当然,我们也不认为我们与朋友、同事和领导者的关系受到我们文化的制约。至于我们的信仰、观点、价值观和世界观,更是看不见也摸不着的。

(四)文化是人们行动的指南

我们的言行都是受到文化环境的影响的,我们生活中的衣食住行等各个方面无一不受到文化的约束。例如,我们穿衣和选衣服会根据季节和气候的不同而改变,另外,场合不同,我们的衣着也会随之发生改变,这就是文化的作用了。

在西方,人们穿深色衣服参加葬礼。如果有人穿着鲜艳的衣服,人们会感到奇怪,甚至会觉得这个人是不正常的。人们为什么会这么做?这是由于人们心中有一套标准,而这些标准其实就是文化。至于我们的饮食习惯,它们其实也是由文化决定的。人饿了,这是一种生物现象,但当我们吃的时候,吃什么、怎么吃就是一个文化问题。一日三餐看似自然,但其实是一种文化现象。由于生活方式不同,有些人不是一日吃三餐,而只吃一两顿。还有的人是吃一顿丰盛的食物,之后的一两天什么都不吃。吃什么、不吃什么也很大程度上取决于人们的文化。朝鲜人喜欢吃狗肉,而西方国家的大多数人不吃狗肉。不仅不同民族之间的饮食习惯有差异,而且地区之间也有很大的差异。十多年前,北京人不吃鸡爪,烹饪的时候都会扔掉不用。但近年来,受粤菜的影响,鸡爪已成为餐桌上的珍品,并被改名为凤爪。克拉克洪在一本著作中说,文化规定着我们生活中的每一个环节。无论我们是否已经意识到,人类从出生到死亡,总是被迫遵循着一定的行为方式,这些都是有人已经为我们定好的。而在这些行为方式中只有一部分是我们乐意遵循的,剩下的一部分则是我们别无选择、必须遵循的,还有一部分是我们明明想逃离却最终重新接受的。

(五)文化具有动态性

文化一旦形成,就会有一定的稳定性,但同时文化也在不断变化。在我国的发展史上,我们的文化一直在发生着重大变化。在社会急剧变化的情况下,文化变迁更加迅速。比如五四运动前后、中华人民共和国成立前后,我们的文化发生了巨大的变化,人们的衣着、生活方式、语言、风俗习惯、观念都发生了深刻的变化。在过去的日子里,我国有崇敬的礼节,后来又有了鞠躬礼,一直延续到现在。握手是一种相对较新的形式。在偏远农村,很多年纪大的老人直到现在还不习惯握手的礼仪习俗。

人们普遍认为英国是一个过于注重礼仪的国家,男人很绅士。事实上,历史上也曾有过不文明的习俗。在 18 世纪,当人们在咖啡馆喝咖啡时,他们常常大声说话,情绪激动。很多人在争吵时都有抓住对方衣服扣子的习惯,所以他们经常把扣子扯下来。因此,有人要求裁缝在做衣服时,事先准备好许多多余的纽扣。形势如此严峻,以至于有人在《卫报》上专门撰文批评这一现象。在维多利亚时代,上流社会的妇女是不能把她们的腿露出来的,所以妇女都会穿能遮住腿的长裙。有些家庭延伸了这一习俗,甚至用布包住桌腿,以避免不雅联想。这些例子表明,风俗习惯具有时代特征,并不总是相同的。

三、文化在跨文化交际中的地位

我们对跨文化交际的研究主要集中在文化、交际、文化与交际的关系、交际过程中容易出现问题的领域以及如何提高跨文化意识方面。这些问题的主要驱动线索是文化,因此可以说文化是跨文化交际研究的核心。由于文化本身的复杂性,研究跨文化交际必然非常困难。文化包含历史和现实;文化不仅包括实物,还包括制度和观念;文化既有客观存在的稳定性,又有其主动性;文化不仅涵盖一个群体,还包含着地区差异和个体差异。

具体而言,哪些文化因素对跨文化交流产生重大影响?一般可以概括为如下几个方面:①一个民族的历史;②民族传统;③宗教思想;④价值观;⑤社会组织形式;⑥风俗习惯;⑦政治制度;⑧社会发展阶段(工业化程度、科学技术水平等)。

以我国人民为例,当我们与其他民族、其他国家的人们进行交流时,我们的交流方式和行为模式除了受到职业、性别、年龄和教育水平的影响之外,也会受到我国数千年沉淀下来的儒家文化、佛教思想以及家族观念的影响。同时,因为中国是一个社会主义国家,我们的行为方式和思想形态也会受到社会主义哲学思想的影响,这是不可避免的。

在讨论跨文化交际时,我们不可能研究所有的文化因素。我们只能讨论一些方面,而把其他方面留给历史、哲学和社会学的学者。

跨文化交际背景下的对比语言学研究

第二节 跨文化交际与文化交际学

一、跨文化交际

（一）跨文化交际的定义

对一些人来说，跨文化交际是一个新词，但事实上，我们经常从事跨文化交际，它贯穿我们的生活，只有细心观察才能意识到它的存在。例如，中国外交部官员与外国领导人进行谈判，进出口公司官员与外商进行商务谈判，普通公民与外国游客的简短交流，大学生与外国学生和外国教师的交流，等等，都是跨文化交际。即使我们没有直接接触外国人，我们仍然可以参与跨文化交际。例如，阅读外国小说和观看外国影视剧的过程也是跨文化交际。因为读者、观众、小说作者、影视导演和演员，这些个体都有着不同的文化背景，所以，阅读外国小说和观看影视作品也算是一个复杂的跨文化交际过程。我们可以对此进行一个粗略的定义：跨文化交际其实就是有着不同文化背景的个体之间的一种交际活动。

在中华民族形成的过程中，各民族相互接触、融合，形成了丰富的跨文化交际内容。始于公元前2世纪的丝绸之路，使中国古代人民得以通过商业贸易与中亚、西亚、非洲、欧洲等地的人民进行交流，这是国际社会之初中国跨文化交流的一个突出例子。19世纪中叶以后，西方几百年的研究成果传入，逐渐包含了一个非常复杂的跨文化交际过程。这说明跨文化交际是一种自古以来就存在的现象。我们国家是这样，其他国家也是一样的。

跨文化交际之所以越来越受到人们的关注，是因为现代交通工具日益发达和信息传播工具不断发展。在这二者的综合作用下，不同国家、种族的人们开始频繁地接触和交往。在20世纪初，从我国的上海到达美国洛杉矶需要几个月的路程，但现在因为航空工业的发展，我们只需要十几个小时就能够抵达目的地了。此外电话、卫星电视转播、互联网的普及，也让全世界人民的联系变得更为紧密。大规模的人口流动和人员流动的频率是任何时代都无法比拟的。所有这些都使得跨文化交际成为我们这个时代的一个显著特征。哈姆斯认为，全球传播经历了五个阶段：语言的出现；文本的使用；印刷技术的发明；交通工具的进步和近百年来传播手段的迅速发展；跨文化交际。哈姆斯认为，在过去的 20 年里，交流的特点是跨文化。人与人之间的交流是第五个阶段。在笔者看来，跨文化交际的重要性可以与语言的产生相提并论。

（二）跨文化交际的多种解释

在上文中，每个人对跨文化交际的理解似乎都是不一样的。一部分人认为任意两个个体之间的交际都属于跨文化交际，他们认为世界上没有两个完全相同的人，所以他们的文化背景一定是不同、独一无二的。

马歇尔·辛格对以上观点持认同的态度。他认为，首先，每个人都属于几个不同的群体，而且，没有两个人是属于完全相同的群体的。其次，即使在同一个群体中，每个人的态度、价值观和信仰也不完全相同。所以从文化的角度看，每个人其实都是独特的。图 1-2-1 是露西和凯莉的价值观念结构图。

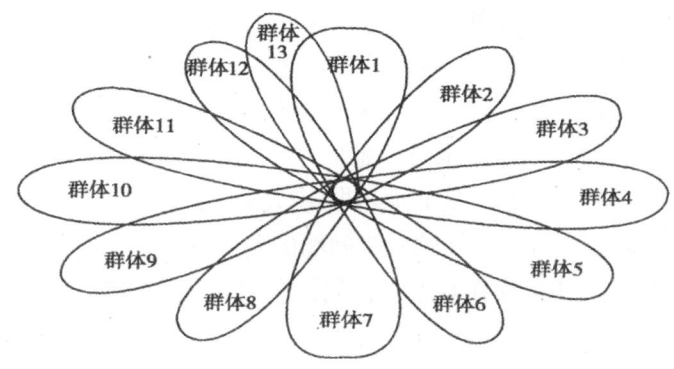

（a）露西的价值观念结构

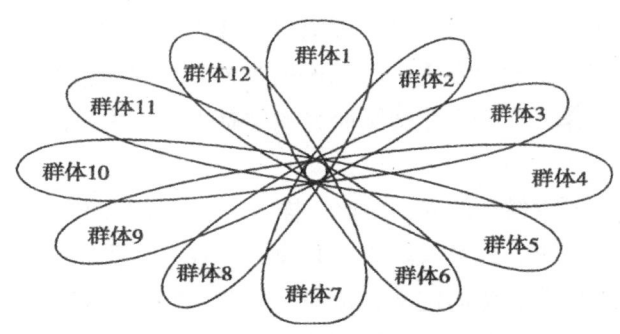

（b）凯莉的价值观念结构

图 1-2-1　露西和凯莉的价值观念结构图

图的意思是露西和凯莉分属于许多不同的群体，因此她们的价值观念结构也十分不同。露西今年三十岁，白人，住在洛杉矶富人区，已经结婚，并且有

跨文化交际背景下的对比语言学研究

两个孩子。她上过大学，目前在一家服装设计公司工作。她信仰基督教，每周日会去教堂做礼拜。她爱好美食和音乐，加入了一个蛋糕烹饪班。我们可以说，露西属于以下的群体：①白人；②洛杉矶人；③妇女；④已婚群体；⑤受过高等教育的人群；⑥基督教徒；⑦服装设计爱好者；⑧有职业的人群（以别于失业人群）；⑨中产阶级；⑩宝妈群体；⑪爱烹饪的群体；⑫爱好美食的群体；⑬喜欢音乐的群体。

如果我们有兴趣还可以做进一步的分析。凯莉是黑人，居住在华盛顿市区，没有上过大学，中学毕业以后就开始工作，因为工作不稳定，所以收入也不稳定，信奉天主教，目前在一家快餐店做兼职。她反对种族歧视，经常参加相关的游行活动，她对政治没有兴趣，所以没有参加过选举。她不喜欢烹饪，但是爱好流行音乐，还喜欢喜剧表演。因此，她属于以下一些群体：①黑人；②妇女；③城市市区居民；④受教育不高的人群；⑤天主教徒；⑥收入不稳定的人群；⑦体力劳动的人群；⑧对于政治缺乏兴趣的人群；⑨反对种族歧视的人群；⑩不喜欢烹饪的人群；⑪爱好流行音乐的人群；⑫喜欢看喜剧的人群。

从露西和凯莉所在的群体来看，她们几乎是完全不同的，所以面对同一问题，她们的观点和解决方法肯定也会有比较大的不同。即使她们所处的群体是完全相同的，她们也会有不一样的看待问题的角度和观点，这就是辛格的论点。他认为，每个自然个体都存在着差异，他们分属于不同的群体，每个群体之间的思想观念也不尽相同。因此严格来说，人与人之间的交际也属于跨文化交际。跨文化交际的研究应着眼于更具体的文化差异，其研究范围应包括地域、职业、性别和年龄等多个方面。这对进一步研究跨文化交际无疑是有益的，同时也提醒我们，在研究跨文化交际时，必须避免过多和不必要的比较。但实际情况如何？经过一番研究，我们会发现，尽管比较各国文化存在诸多弊端，但人们仍然需要开展这项工作。在跨文化交际研究的文献中，有大量的书籍都基于国家间的比较研究。

文化比较似乎可以像东西方的对比一样大，也可以像两个人的对比一样小。还有种族、民族、国家、地区、阶级、职业、年龄等。我们应该从哪里开始研究跨文化交际？这涉及文化的定义，是一个复杂的问题。文化通常不是指个人行为，而是指一个群体的生活方式和习惯。对跨国家、跨种族、跨民族问题的研究，不仅要纳入跨文化交际的研究范畴，而且是跨文化交际研究中应该予以充分重视的研究内容。至于人在地区、阶级、阶层、职业、性别、年龄等方面的差异，只有当我们认为他们是群体代表时才有意义。研究一个国家的文化特征，首先要关注其主导文化，然后再关注其亚文化和区域文化特征。我们在跨文化交际研究中可以采用如图 1-2-2 所示的顺序。

图 1-2-2　跨文化交际研究的顺序

二、跨文化交际学

（一）美国的跨文化交际学

跨文化交际首先出现在美国是合乎逻辑的。第一，美国是一个移民国家。美国有来自欧洲、非洲、亚洲、拉丁美洲和大洋洲的移民。他们有自己的传统和文化习俗，在相互交流中不可避免地会出现问题。因此，跨文化交际自然而然会受到学者们的关注。20 世纪 60 年代，种族纠纷特别是黑人为争取自己的权利和地位发生的斗争十分频繁，种族意识也在不断增强。各种族都强调维护自己的文化，逐渐形成了美国社会的多元文化标准。如何在学校、政府部门、企业和社团中处理不同的风俗习惯和文化价值观，已经成为一个不容忽视的问题。第二，美国与其他国家接触频繁。每年都有大批公务员、企业家、技术人员和学者周游世界，与当地民众保持着多样化的联系。美国每年接待来自世界各地的数十万留学生、数百万移民和数千万游客。培养大批留学生和移民也是跨文化交际的重要课题。

爱德华·霍尔的《无声的语言》发表于 1959 年，该书被许多学者视为跨文化交际的开拓性著作。作为人类学家，霍尔多年来致力于探索文化与交流的关系。在《无声的语言》中，霍尔对时间、空间和交流的关系进行了深刻的探讨，他认为不同文化背景的人在运用时间和空间来表达自己的意思时表现出明显的差异。在这本书中，霍尔提出了一些关于如何更科学、更仔细地研究文化的想法。在此之后，霍尔又相继撰写了数本关于跨文化交际学的著作，他在跨文化交际学领域的研究成果，为其他学者带来了很大的影响。

1970 年国际传播学会认识到跨文化交际学是传播学的一个分支，成立了跨文化交际学分会。演讲交流学会将 1970 年年会的主题定为跨文化交际和跨国传播。此后，几所大学的传播学和教育学系开设了跨文化交际课程。

第一届跨文化交际学国际会议于 1972 年在日本东京举行，有超过两千人出席这次会议,包括人类学家、语言学家、心理学家以及社会学家等。到20世纪70年代中期,美国已有200多所大学开设了跨文化交际课程。有些大学甚至授予跨文化交际硕士和博士学位。在大学里,跨文化交际课程不仅在传播系开设,而且在心理学、教育学、语言学、社会学和人类学系也开设。

教育内容按重要程度依次包括:①文化差异及其对交际的影响;②不同民族和文化之间的异同;③跨文化接触与场合;④语言与文化、双语教育与翻译;⑤特殊的文化模式及其对跨文化交际的影响;⑥非语言交际;⑦内圈和外圈的形成和民族中心主义;⑧文化冲击和文化适应;⑨民族、种族和亚文化;⑩主观文化理论;⑪对不同种族、民族的偏见融合理论。

有些学校也为本校的研究生开设了跨文化交际学的相关课程,截止到20世纪70年代末,已有60多所大学开设了跨文化交际学的课程。这些课程的具体要求如下:①学生必须对跨文化交际过程中可能出现的一些特殊问题有深刻的认识;②通过训练,学生能够与来自不同文化背景的人进行交流;③让学生调查和分析他们感兴趣的文化,最后以报告的形式在课堂上展示出来。

在此基础上,跨文化交际相关的培训与咨询项目也逐渐形成产业。此外,民间的商业性的文化咨询活动在近几十年来呈现出了蓬勃发展的态势。

(二)欧洲的跨文化交际学

跨文化交流研究在欧洲发展相对缓慢,有着不同的传统。一般来说,文化交流与语言学的联系更为密切。跨文化交流研究相对来说被认为是独立的部门。

不少学者在语言学研究中心注意到了文化因素的作用,如雷蒙·威廉斯的《关键词:文化与社会的词汇》一书,就对英语词汇中带有文化内涵的部分词汇做了追本溯源式的研究。詹妮·托马斯对于文化因素对语言的影响也十分在意,在所发表的文章《跨文化语用失误》中,她将语用失误分为两种类型:其一为语用-语言失误;其二是社交-语言失误。语用-语言失误是指学生在将一个词或一个结构词的意义应用于外语时所造成的语言错误。社交-语言失误是由于不同的文化语境、人际关系视角、人的权利和义务、人的价值观所造成的语言错误。在我国的文化传统中,学生在跟老师讲话时态度一般都是十分尊敬的,但在英国的文化环境中,这种讲话方式就显得不那么合适了。何自然指出:"两种语用失误的区别并不是绝对的。由于语境的不同,双方可能有不同的话语意图和对对方话语的理解。因此,从一个角度看,不恰当的言语可以是语用失误,但从另一个角度来看,它也可以是社会语用失误。"

苏联的跨文化交际学主要体现在它的国情语言学方面。20世纪60年代末期，社会语言学的相关研究日益蓬勃，交际原则也逐渐在外语教学中凸显其重要作用。在一部分以俄语作为外语进行教学的区域内，人们开始注重在教授语言的同时也教授俄语相关的文化背景知识。1967年9月，国际俄罗斯语言文学教师协会的第一次会议暨成立大会在巴黎召开，经多领域教育学者讨论研究决定，必须加强俄语教学与国情研究的联系。此后，民族语言的研究越来越受到苏联学者的关注。1981年，我国制定了《国情语言学教学大纲》，并在部分学校的高级教师班上实施。从我国学者的国情语言学著作的内容可以大致看出苏联这一学科的走向。《语言与文化：俄语语言国情学概论》由顾亦瑾编写，主要论述了俄语词汇与民族文化的关系，分析了反映俄罗斯民族文化特征的各种词汇（包括动物、植物、数字、颜色等），还探讨了交际文化，包括物质民俗习俗、生活礼仪、交际风俗习惯和肢体语言。因此，国情语言学主要研究交际中所涉及的词语和风俗习惯的文化内涵，此后，苏联国情语言学又有了进一步的发展。其将重点放在文学经典的章节和语言的文化知识上，目前已经出版了三本这方面的论文集。此外，比较语言学的研究也开始受到重视，到目前为止，在欧美的语言学理论中还没有一个独立的分支与俄罗斯国情语言学相对应，因此很难找到该学科的英文译名。我国一位俄语研究专家认为，国情或民族科学状况语言术语晦涩难懂，耐人寻味，并不能将俄语原始术语的多义性充分反映出来，也并没有对这个词语的本质做出揭示。既然这门学科所教授的文化背景是与语言教学和语言使用相关联的，为什么不采用文化背景这类的词汇而选用"语言国情"这一名词呢？俞约法认为这与苏联学界喜好在新建学科名称上标新立异的审美习惯相关，他们希望以不常见、不寻常的命名方式与西方各国区别开来。另外，这门学科中也确实包含了宣传苏联国情的内容。他还建议，根据场合的变化，应该分别使用词语文化（背景）教学、词语文化（背景）学、词语文化（背景）教学法、词语文化（背景）课等名称。

在与这类研究相关的文章中，我们发现以下三点是十分明确的：①苏联国情语言与社会语言学和交际方法的发展密切相关；②国情语言学主要研究词汇的文化内涵，包括交际文化和身体语言；③国情语言学包括高层次的文化研究及其在实践教育中的应用。

（三）我国的跨文化交际学

跨文化交际在中国的历史很短，直到20世纪80年代，国内学者才开始关注这一方面。首先，重点是外语教学和文化与语言的关系。徐国璋于1982年首次发表了一篇关于现代外语语言与文化的文章，着重探讨了词汇的文化内涵与翻译的关系。但重要的是，在不同语言中看似对等的词语，其文化内涵却不尽相同。20世纪80年代，学术期刊上存在着许多文化差异。一方面，人们对跨文化交际感兴趣；另一方面，交际法在外语教学中的普及使人们意识到学习外语必须结合文化。如果只注重一门外语的语言形式而不注意它的内涵，就不能学好这门外语。专业外语课程大纲中规定了文化知识教授的具体内容。比如，有一本教材中说道："学习外语不仅是掌握一种语言的过程，也是接触和了解另一种社会文化的过程。因此，要有意识地把语言教学与民族语言知识、国家知识、社会知识、文化知识相结合，同时提高学生对两种文化差异的敏感度，使他们逐渐具备文化比较的能力，以提高他们的文化素质，以适当的方式进行语言交流。"

自20世纪80年代中期以来，中国的几所大学，如北京外国语大学、黑龙江大学和哈尔滨工业大学，开始开设跨文化交际课程。与此同时，与跨文化交际相关的书籍也相继出版。表1-2-1所列，是20世纪80～90年代，国内出版的部分跨文化交际学著作和论文集。

表1-2-1 20世纪80～90年代国内部分跨文化交际学著作与论文集

编、著者	出版年	书名	出版社
海伦[英]	1987	与英美人交往的习俗和语言	上海外语教育出版社
耿二岭	1988	体态语概说	北京语言学院出版社
胡文仲	1988	跨文化交际与英语学习	译文出版社
沙莲香	1989	中国民族性（一）	中国人民大学出版社
邓炎昌、刘润清	1989	语言与文化：英汉语言文化对比	外语教学与研究出版社
陈建民	1989	语言文化社会新探	上海教育出版社
沙莲香	1990	中国民族性（二）	中国人民大学出版社
胡文仲	1990	跨文化交际学选读	湖南教育出版社
布罗斯纳安[美]	1991	中国和英语国家非语言交际对比	北京语言学院出版社
顾亦谨	1991	语言与文化：俄语语言国情学概论	河南人民出版社
吴国华	1992	俄语文化背景知识词典	河南人民出版社
路英浩	1992	开放前沿的文化震荡："三资企业多层次文化冲突剖析"	云南人民出版社

续表

编、著者	出版年	书名	出版社
庄恩平	1993	走出误区：中美交际文化差异实例分析	世界图书出版公司
郑立信、顾嘉祖	1993	美国英语与美国文化	湖南教育出版社
裘克安	1993	英语与英国文化	湖南教育出版社
胡文仲	1994	文化与交际	外语教学与研究出版社
王福祥、吴汉樱	1994	文化与语言（论文集）	外语教学与研究出版社
刘重德	1994	英汉语比较研究	湖南科学技术出版社
戴昭铭	1994	建设中国文化语言学	北方论丛编辑部
关世杰	1995	跨文化交流学	北京大学出版社
邵敬敏	1995	文化语言学中国潮	语文出版社
乔健、潘乃谷	1995	中国人的观念与行为	天津人民出版社
胡文仲	1995	英美文化词典	外语教学与研究出版社
曲彦斌	1996	中国民俗语言学	上海文艺出版社
林大津	1996	跨文化交际研究	福建人民出版社
胡文仲、高一虹	1997	外语教学与文化	湖南教育出版社
贾玉新	1997	跨文化交际学	上海外语教育出版社

从已发表的著作和文章来看，中国学术界的研究主要集中在以下几个方面：①语言与交际的关系；②非言语交际；③中西风俗习惯的比较；④中西管理模式的比较；⑤民族性格的研究。学术界对跨文化交际学的理论与研究方法也有一些探讨，但是，总的来说，这方面的论著较少。从学术背景来看，参与者大致上有这样几类：外语教师、对外汉语教师、语言学家、心理学家、管理学家等。

我国第一届跨文化交际研讨会于1995年在哈尔滨工业大学召开，有230名国内学者、40余位国外学者参与这次会议。作为中国第一次以跨文化传播为主题的学术会议，中国跨文化传播研究会在本次会议上成立，且每两年举办一次中国跨文化传播研究会。此外，北京大学和肯特州立大学于1996年8月共同主办了一次研讨会。1999年第三届中国跨文化交际研讨会在深圳大学召开。

（四）跨文化交际学的多学科性质

Intercultural communication 在英语中既指跨文化交际这一现象，又可以指研究跨文化交际的学科。在汉语中，我们对这个词进行了作用上的区分。在形容一种现象时，我们称之为跨文化交际；当指代一种学科时，我们称之为跨文化交际学。但有的研究人员也会用跨文化交流、跨文化传播等名字来称呼跨文化交际，因此它并没有一个统一的译名。为什么会出现不同的译名呢？一个原因是，一门新学科刚建立，学者们还没有就姓名的翻译达成一致意见。另一个原因是，学者来自不同的学术形态，所以在选择译名时不受学科的影响是不可能的。大多数选择"跨文化交际"翻译名称的人都接受过语言培训，因为在语言学中，交际通常被翻译为"交际"。大多数选择"传播""沟通""传通"的人都受过传播学方面的训练。

跨文化交际最显著的特点是它的多学科性，即它的理论和知识来源于不同的学科，如人类学、文化学、心理学、传播学、社会学、语言学、哲学等。在众多学科之中，又以人类学、心理学和传播学的影响最为明显。人类学，特别是文化人类学，是对文化的定义、文化与语言的关系、非语言关系等问题进行研究与探索的学科。也正是因为它的研究内容，它对于跨文化交际学的贡献是十分突出的。在跨文化交际学这一学科正式建立之前，人类学作为一门"前辈"学科已经积累了大量的可用资料，这为跨文化交际学的建立扫清了许多障碍。在跨文化交际学建立的过程中，文化人类学也一直起着举足轻重的作用。前面已经提到，霍尔的《无声的语言》被许多学者认作跨文化交际学的奠基之作。关于文化的定义，学者们主要依据人类学家的著作。例如，克罗伯与克拉克洪合著的《文化：概念和定义的批判性回顾》是论述文化定义的经典之作。虽然此书出版于1952年，但至今人们仍然经常引用。爱德华·萨丕尔与本杰明·沃夫对于语言与文化的关系提出过一个设想，认为语言对于人们的世界观有着决定性的影响。尽管对于这个假设的看法不一，但是它的影响却至今不衰。在具体的文化差异方面，跨文化交际学取之于人类学的则更多。例如，人类学家本尼迪克特的《菊与刀》，是一本研究日本模式的著作，让人称奇的是，这本书对日本文化模式做了如此深入的研究和分析，但它的作者却从未去过日本，这不得不让人钦佩本尼迪克特的研究能力。

在心理学领域，社会心理学和跨文化心理学对跨文化交际做出了重要贡献。心理学家们对人们在跨文化交际活动中的不同心理反应进行了深入细致的研究和分析。他们一般采用心理实验的方法，通过调查收集准确的资料和数据，然后进行分析，提出自己的看法。美国心理学家理查德对于跨文化交际过程中产生的问题做过许多研究，出版了一些著作，在跨文化交际学界具有相当的影响。他的著作《跨文化交往》收集了近百个跨文化交际中的实例，他对于这些实例先给予几个不同的解释，然后说明为什么某一个解释是正确的。加拿大心理学家迈克尔·邦德长期在香港中文大学执教，对于中国人的社会心理进行过多年的研究，在跨文化心理研究方面有许多著述。荷兰学者吉尔特·霍夫斯泰德对于与管理有关的心理进行了专门的研究，他最著名的著作是《文化的后果》与《文化与组织——心理软件的力量》。《文化的后果》是他运用国际商用机器公司对其雇员进行大规模的调查的材料所著的一部书。他在书中提出了研究文化的四个尺度。他提出的研究方法被许多学者所使用。1991年他又出版《文化与组织——心理软件的力量》一书，对他的论点做了进一步的阐述。

传播学是跨文化交际学这门学科得以建立的基础，正是有了传播学学者的加入，每年的跨文化交际学会议的开展、相关刊物的发行等学术工作才能顺利开展。传播学的学科理论对于跨文化交际具有指导作用，它能够提出科学的理论和方法论，帮助跨文化交际更好地实行。在这个领域有影响的学者会定期召开相关会议，并围绕一些既定的议题展开讨论和分析。会议结束之后，学者会出版论文集对会议中的论题进行总结和梳理。目前已经相继有多部论文集出版，对传播学、跨文化交际学的学科发展来说，这是一笔宝贵的知识财富。

在语言学和语言教学领域，弗里斯和罗伯特·拉多提出在学习外语的同时要注意目的语文化。拉多提出了在比较不同文化时应采用的理论和方法。在这篇文章中，美国社会语言学家沃尔夫森对不同文化中的恭维语进行了仔细的比较。斯科隆和他的妻子写了很多关于跨文化交际的文章。英国学者迈克尔·拜伦和美国学者内德·西利和盖尔·罗宾逊就如何在外语教学中结合文化提出了一系列的理论和方法。由于人们的学术形态不同，在研究中所采用的理论和方法也不尽相同。人类学家在进行研究的时候，一般会采取实地考察、调查访问等方式，因此他们所收集到的材料往往具有很高的真实性，在数量和质量上都是十分可观的，具有很强的生动性。心理学家的文章通常都有准确的数据和严谨的分析，所以更有说服力。语言学家使用收集到的语言材料来解释跨文化交际中的问题，这些问题通常非常具体。跨文化交际理论受到传播者的重视，他们中的大多数人都在讨论跨文化交际理论。许多学者在跨文化交际的研究中采用了几种不同的方法，以达到最佳的研究效果。就跨文化交际学整个领域而论，早期似乎是人类学的影响最大，学者和研究人员从人类学中得益最多。心理学、语言学、传播学的影响次之。美国加州大学的两位研究人员在1991年做了一项调查。他们给跨文化教育训练和研究学会的350个会员发了调查表，其中大约45%的人回答了调查的问题。被调查人大约有20%获得教育学学位，10.3%获得跨文化交际学学位，9.7%获得言语交际学学位，6.5%获得心理学学位，6.5%获得文学学位，5.2%获得工商管理学位，其余获得其他学科的学位。调查表包括8个方面的问题，主要是调查被调查人认为哪一个学科最有助于跨文化交际学。结果是人类学得分最高（1.18），其次是社会学（0.74），以下依次是语言学（0.69）、心理学（0.60）、言语交际学（0.45）、政治学（0.27）、地理学（0.06）。

那么哪一学科的学者在跨文化交际学领域参与最多呢？通过采集相关数据并计算，我们可以得出表 1-2-2 中的数据。

表 1-2-2 跨文化交际学各学科学者占比

学科	平均分/分	标准差
人类学	1.97	1.03
语言学	2.24	1.06
言语交际学	2.59	1.23
社会学	2.61	1.01
心理学	2.77	1.07
政治学	3.07	1.13
经济学	3.50	1.31
地理学	3.59	1.08

通过表格我们可以看出，人类学占据首位，接下来依次是语言学、言语交际学、社会学、心理学、政治学、经济学、地理学。通过这个调查我们可以发现一个有趣的现象，那就是尽管传播学是跨文化交际学的建设基地，而且传播学学者在跨文化交际学领域也表现得最为活跃。但是，跨文化交际学的教师和研究人员却更为重视人类学和语言学，认为这两个学科对跨文化交际学的教授和发展最有帮助。1998 年在美国加州召开的一次跨文化交际国际研讨会上，新墨西哥大学的威廉·哈特的论文"跨文化关系研究中的多学科影响"对于哪一个学科在跨文化交际研究中影响最大提出了不同的看法。他采取的研究方法是将跨文化交际研究的重要期刊所刊载的文章和书评中的引文共 13 006 条做出分析，找出在跨文化关系研究中最有影响的学者、书刊和大学。作者说明引证并不总是正面的，可能也有反面的，但至少说明文章作者在一个方面受到的影响，因此它是客观可信的。哈特不同意前面介绍的哈曼与布里格斯在 1991 年的调查结果和调查方法。依据哈特的调查，在跨文化关系研究中心理学的影响占第一位，以下依次是传播学、社会学和人类学。

这两项不同的调查结果可能是由于调查者采取了不同的方法，但无论如何，我们都可以说心理学和人类学在跨文化交际研究中起着举足轻重的作用。我们可以发现一个跨文化交际学领域经常被提到的问题,即什么是跨文化交际学的理论框架和研究方法。首先我们要再一次明确,跨文化交际学具有多学科杂糅的性质,因此它不可能只有单一的理论框架和研究方法。例如,具有传播学背景的学者在研究跨文化交际时,一定会从传播学学科的角度出发去考虑问题;具有心理学背景的学者,也必然会采用心理学相关的理论和方法来解决跨文化交际学中存在的难题。总的来说,跨文化交际学的研究者们,是没有一个标准、统一的理论框架和研究方法的,这一点在跨文化交际学的各大论著以及国际会议中都有所体现。

第三节 跨文化交际的一般类型

一、语言交际

(一)语言与文化密不可分

语言是文化的产物,同时,语言又是文化的载体和媒介。人类社会的文化积淀造就了人类社会的语言发展,而语言的诞生和使用又推动了人类文化的传播与延续。从这一角度来看,不存在没有语言的文化,也不存在没有文化的语言。从广义角度来看,语言属于文化的一部分,因此文化始终对语言的发展产生着重要的影响,语言则为了适应文化的发展而越来越缜密和精确。

语言是文化的直观反映,而文化又是人们生活状态的直观反映。因此语言与人们的生活方式、生活状态有着密切的关联。例如,自古以来,在阿拉伯人的生活中,骆驼发挥着极大的作用,因此至今阿拉伯语中还保留着几十个与骆驼有关的词汇。而在我国云南、广东等省,许多地方的名称中都含有"峒"这个字。事实上,"峒"在壮侗语中是"田场"的意思,即同一水源的一个小灌溉区。因此,居住在同一个灌溉区从事农业生产工作的人们就称他们为住在同一个峒里,一个峒就是一个人民聚居单位,与汉族的"村"含义类似。这样的地方名称也能够体现出我国千百年来的农耕文明。

亲属称谓也在很大程度上反映了人类文化。例如,在英语中,brother是"兄"或"弟",sister是"姐"或"妹",而事实上,汉语中并没有哪个词能够与brother、sister完全对应。这种现象主要是由中西文化差异造成的。在中国传统文化当中,长幼有序被认为是最基本的伦理道德,一个家庭要想和睦,就必须做到尊老爱幼、兄友弟恭，因此中国语言中对"兄"与"弟""姐"与"妹"进行了严格的区分。英语中 uncle 一词相当于汉语中的"伯父、叔父、舅父、姨父、姑父"，aunt 相当于汉语中的"伯母、婶母、舅母、姨母、姑母"。从这里能够看出，中国人不仅重视年龄与排辈，也十分重视婚姻关系和父系、母系等家庭关系。

陈原曾撰写了《社会语言学》一书，其中对亲属特性问题进行了深入探讨："封建主义结构重视这些亲属特性，因此有严格区分亲属关系的称谓语词——无论哪一方面的社会交际，都必须严格按照亲属称谓的规定；不论是丧礼婚礼，还是承继遗产，以至一人犯罪，波及九族，都要按这个等级办理。""亲属称谓的简化，意味着家族关系在社会生活中不占那么重要的地位；资本主义关系下的家庭，其构成和社会作用完全不同于封建主义关系，在语言中也能找到反映。"由此看来，社会文化对语言的影响是十分深刻的。

在我国个别少数民族当中，亲属称谓中只有对男性的称谓，而没有对女性的称谓。例如，父亲被称为"爸"，而母亲与父亲地位相似，因此也被称为"爸"。但有时候这样的称呼方式十分不便，为了将男女加以区分，就会在称谓前再加一个形容词，如"大"或"细"，即父亲称为"大爸"，母亲称为"细爸"。同理，哥哥叫哥哥，姐姐也叫哥哥，弟弟称老弟，妹妹也称老弟。叔叔是细爷，阿姨也是细爷。这种以男性称谓来代替女性称谓的习俗在我国许多地方都有零星出现，在湖南岳阳临湘一带最为突出，我们可将这一现象看作古代父系社会的残余影响。

此外，一些地方的亲属称谓也能够直观地反映出该地区人民的家庭结构和基本婚姻制度。以云南丽江宁蒗县永宁乡为例，这一带主要以纳西族人民为主。纳西族人民的传统婚姻制度被称为"阿注婚姻"，在这种婚姻体系下，只要青年男女一见钟情，相互馈赠礼物，二人便可结为夫妻，在当地也叫作结为阿注关系。结为阿注关系的男女并不会重新组建一个新的家庭，通常男子会在晚上来到女方家里，但白天则重新回到母亲家。每个人在保持一个长期稳定的阿注关系的同时，也可以拥有多个次要的阿注关系。正是因为这样，孩子出生后，往往不知道他的父亲是谁，母亲及母亲家的女性成员会共同将这个孩子抚养长大。在这种家庭结构当中，母亲的阿注、自己的生父和母亲的兄弟都用同样的称呼，而母亲和母亲的直系、旁系姐妹也用同样的称呼。同理，自己的儿子和自己兄弟的儿子也使用同样的称呼。从这种亲属称谓上，能够看出母系氏族的基本状态。

文化在影响人们语言词汇发展变化的同时，也影响着人们的语用习惯、文章结构、文体风格等多种方面。随着各个民族间文化交流的频率越来越高，越来越多的人发现，如果仅仅了解一个民族的语言发音和基本表达方法，并不能完全顺利地与当地人进行交流。只有在了解当地文化的本质内涵后，才能够与他们进行真诚的沟通。

（二）词义与文化

就语言要素与文化的关系而言，语音与文化的关系最少，其次是语法，词汇是文化最直接的反映。有学者将词汇分为一般词汇和文化词汇，指出文化词汇是指特定文化范畴的词汇，是民族文化在语言词汇中的直接或间接反映。文化词汇与其他一般词汇的界定有以下两点：一是文化词汇本身包含了比较明确的民族文化元素，或者能够反映出深层次的民族文化内涵。二是文化词汇与民族文化有多维度的关系，包括物质文化、制度文化和心理文化；有的则是间接反映，如汉语中的红、黄、白、黑等颜色词及松、竹、梅等象征词语；有的和各种文化存在着渊源关系，如来自文化典籍的词语及来自宗教的词语等。

在跨文化交际学的研究中，将一部分具有文化内涵的词汇挑选出来进行研究和区别，对于教学，特别是对对外汉语的教学是具有实质意义上的帮助的。但特意将这些词分离出来，称之为文化词汇，会给人一种它们是不一样的、不能用到普通语言中的一种感觉。但实际上，红黄白、松竹梅等都是日常生活中的常用词汇，龙、凤等词汇也是同样的道理。因此在进行这些词语的讲解时，需要从词义入手，深入地讲解，这也是目前教授这类词语较为妥帖的处理方法。

对于词汇意义通常做"指示意义"及"隐含意义"的区分。例如，在英语中 politician 的指示意义是"从事政治，关心政治，特别是以政治为生涯的人"，但该词汇的潜在含义则有"不讲原则，当面一套，背后一套，能言善辩，言而无信"的意思。而在词典当中，通常只会表明该词汇的原本含义，至于潜在含义则往往在特定的语言文化氛围当中使用，在词典上并不会标出。因此一组词汇的潜在含义是根据特定的使用环境联想而来的，不同的情况下用法并不统一。在现实生活当中，一些政客为了达到自己的竞选目的，不惜利用一切可能的手段争取选票。他们往往会在竞选演讲时许下宏愿，但等到正式入职后，则营私舞弊、滥用职权。这种 politician 的表演一再重复，于是人们在使用 politician 一词时就难免做坏的联想，从而使 politician 逐渐成了贬义词。

20 世纪 70 年代，苏联的一些学者将俄语词汇的文化内涵研究提到了一个新的高度，认为在对外教授俄语时，应特别注意俄语词汇的民族文化内涵。他们把这种意义称为文化的伴随意义，简单地说是词语的伴随意义。在这一学术风向下,维列夏金和科斯托马罗夫正式创建了国情语言学,并将这一学科的研究基本范围定义为以下两个方面:一是揭示语言中(主要是词汇)的民族文化语义;二是在语言课上展示、巩固、活用这些民族文化语义,目的是通过俄语,向外国学生介绍苏联文化。

杰弗里·利奇作为英国著名的语言学学者,曾在他的著作《语义学》一书中提到,词义可以分为七种主要类型,即概念意义、内涵意义、风格意义、感情意义、联想意义、搭配意义及主题意义。一个词语的概念意义也可称为认知意义,它是语言交际中言语最基本的意义,如果语言没有概念意义,那么人们连最基本的语言交际都没有办法完成。内涵意义是指在概念意义之上附加的内部含义,它会因为各种因素的掺杂而形成不同的含义,是因人、因地、因国家和时代而异的。也正是因为如此,内涵意义的稳定性不高,在多重因素的作用下,一组词汇原有的内涵意义可能会发生变化甚至消失,也有可能被赋予新的内涵意义。需要注意的是,内涵意义是具有褒贬之分的,在具体分析过程中要细心区分这其中的不同。

在国情语言学领域当中,人们更注重对词的伴随意义或民族文化内容的解释,而针对汉语的"文化词汇",同样也可以进行这样的分析。换言之,汉语的许多词汇,除了具有基本的概念意义外,还存在丰富的深层次内涵,分析这些词汇是了解中国传统文化的重要途径。

对于从事跨文化交际者而言,其不仅要注意词汇的概念意义,还必须深刻地认识到词汇所包含的内涵意义。在不同语言之间可能出现几种不同的情况(两种语言分别以A、B代替):

① A、B概念意义相同,内涵意义相同或大致相同。

② A、B概念意义相同,内涵意义不同。

③ A、B概念意义相同,A有内涵意义,B无内涵意义。

第一种情况中包含的词汇就英、汉语来说数量较少。例如 fox 与"狐狸",首先,这两个词的概念意义相同,都指狐狸这种动物。其次,二者在内涵意义方面都有"狡猾"的意思。中国、日本、韩国自古以来都有着密切的文化交流,韩国和日本文化在极大程度上受到了中国文化的影响,因此中、日、韩都属于中国文化圈,因此这三国的语言词汇在文化层面存在较多的相同点,因而在词汇内涵方面也具有较强的一致性。例如,汉语中的"松"被人们赋予高尚、坚毅、凌寒不惧的品质。而在日语中,"松"也有高尚的内涵意义。又如,在中国传统民间吉祥图案当中,常出现蝙蝠的图案,"蝠"与"福"谐音,张贴五只蝙蝠的图画在门户上,寓意"五福临门",因此在汉语中,蝙蝠寓意吉祥。

而在韩国和日本，蝙蝠这种动物也象征着幸福美满。再如，在我国，因为"四"与"死"同音，因此人们觉得"四"不吉利。事实上，这种观念在日本更加明显，因为日语里"四"与"死"也同音，"十四"与"重死"同音，"二十四"与"二重死"同音，所以，一些日本的医院中没有四、十四、二十四号病房。甚至一些日本的监狱当中不设置二十四号牢房。中国人最喜欢的数字是"八"，因为八不仅寓意财源广进，而且因为这个字的字形为上窄下宽，喇叭口朝下，能够给人一种日渐顺利、运气渐来的感受，因此"八"也有道路渐宽、越来越周全、积极的寓意。在日语中，"八"也有运气越来越好、事业越来越兴旺、人生道路越来越宽的含义，因此，日本人喜欢"八"这个数字，婚宴多为八桌，八幡神社终年香火不绝，参拜者甚众。

　　第二种情况是AB两种语言中的词汇概念意义相同，但它们的内涵意义不同。有时A语言的内涵意义大于或小于B语言，有时两种语言的内涵意义截然相反。下面选出英、汉语中的若干词做一对比。

　　"红"（red）：在中国历史上不同的朝代崇尚不同的颜色，如夏朝崇尚青色，商朝崇尚白色，秦朝崇尚黑色，但多数朝代还是最崇尚红色，如周朝、汉朝、隋朝、唐朝等，红色在我国历史上被尊崇为最佳之色的时间也是最长的。在人们看来，红色具有幸福、喜庆和兴旺发达的含义。汉民族的春联、门口的福字，都是以红纸为底进行书写的。此外，中国人将结婚称为红喜事，婚礼中新人穿戴的礼服为正红色，婚礼现场的布置也处处都看得见红色。反映在语言应用上，用"红"做语素的词一般都包含吉祥、好运、顺利、兴旺、圆满等含义。例如，红极一时、走红、大红人、满堂红、开门红、红包、红榜、分红、红运、红利等词，都将"红"的含义形象地表达了出来。而在近现代，中国文化中的红色又多了一层英勇无畏、甘于奉献、具有革命斗争精神的含义。如红色娘子军、红色根据地、红色政权、红领巾、红袖章、红五星、红心、红军、红旗等。

　　而在英语中，red与汉语中的"红"具有相同的含义，却不包含中国文化中赋予"红"的文化内涵。在西方国家，传统的结婚礼服为白色，是纯洁无瑕的象征。如果说在某种场合一定要使用红色，那就是在接待贵宾时，会铺红色的地毯，表示对贵宾的欢迎，这其中似乎多少也有喜庆的寓意。值得一提的是，在英语中，red flags指需要提高警惕，预防出事的情况，而非我们从字面意思上理解的革命的红旗，且通常用red指共产主义也往往带有贬义，至少是不严肃的用法。

　　"龙"是中国历史上最为神圣的动物，也是皇权的象征，因而龙是中国的文化图腾。早期中国龙的形象取自蛇、鸟、虎等动物，后来，随着龙被赋予的内涵和意义越来越清晰和完整,龙的形象也得到了完善和固定。在中国文化中,"龙王"是主宰人间降雨的神灵,能够为人民带来丰足的粮食。这也在一定程度上体现了中国农业社会人们的精神面貌和生活愿望。汉民族素以"龙的传人"自称,而与"龙"有关的词汇总是具有积极的含义,如生龙活虎、藏龙卧虎、龙盘虎踞、龙凤呈祥、龙飞凤舞等。

但对比而言,西方文化中的 dragon 是一种能摧毁一切的恶兽。西方的 dragon 长得酷似巨大的蜥蜴,拥有一对翅膀,还拖着一条像蛇一样的尾巴。dragon 口中能喷火,会烧毁世上的一切。因此,西方的 dragon 和中国的龙完全不是同一种动物,无论从形象描述还是行为特征上都能够看出来。dragon 还有罪恶、邪恶、恐怖的意思,因此 dragon 会被当作战争的旗帜。在中国,很多孩子的名字中都有"龙"字,父母希望孩子以后能成才、有出息。而在英语中,如果形容一个人有点像 dragon,则表示这个人性格极差。

在西方文化中,dragon 通常代表罪恶、邪恶、令人感到恐惧,所以很早就被用来作为战争的旗帜。在英语中,说一个人有点像 dragon 是说此人飞扬跋扈、令人讨厌。有人为了区分西方的 dragon 和中国的"龙",将后者称为 Chinese dragon。

第三种情况是 A 语言的词汇具有内涵意义,而相对应的 B 语言中的词汇却没有类似的内涵。例如,在汉语中松柏四季常青,树龄可长达千年,因此象征长寿。陵墓地多种松柏。在我国的文化环境中,鹤称为仙鹤,被视为神仙的坐骑,这与我国的神话故事是相关的。因此鹤被视作长寿的象征,不少人以"鹤年"为名,就是为了取一个长寿的美好寓意。桃在我国也象征着长寿,传说中西王母的寿辰就是用蟠桃宴来款待诸位神仙的。因此民间的祝寿也仿照神话故事中的西王母,将面食捏制成桃子的形状,取名寿桃,取一个寿比南山的寓意。与松、柏、鹤、桃相对应的英语词 pine、cypress、crane、peach 就不具备上述所列的内涵意义了。

又如,梅、兰、竹、菊在中国文化中被誉为花木中的"四君子"。梅花在严寒季节盛开,色淡清香,人们常用梅象征高雅纯洁。兰花多生长于空谷山岩,其花淡雅出香,因此人们常以兰象征高雅的品格。因竹高直挺拔、冬夏常青、中空有节、质地坚硬等,所以人们常用竹象征正直、坚贞、廉洁、有气节、有骨气。菊花具有凌霜耐寒、清香飘透等特性,所以人们常用菊象征坚毅、清雅、淡泊的高尚品格。与梅、兰、竹、菊相对应的英语词汇 plum blossom、orchid、bamboo、chrysanthemum 只是一些植物名称,并不具有汉语词汇的丰富文化内涵。

(三)语用规则与文化

在交际过程中，人们需要正确使用一种语言的语音、语法和词汇，否则势必会导致各种问题，甚至中断交际。然而，仅仅掌握发音、语法和词汇并不能保证交际的顺利进行。因为任何一种语言都有特定的一套用语规则，也就是一些学者提到的言语规则。如见面后如何打招呼、如何讲电话等。随着社会语言学和语用学的发展，人际教学法得到了学术界诸多学者的认可，并被应用到教学活动当中，人们已经对语用规则的价值有了更为深刻的认识。

与语言规则相比，要掌握好语用规则就显得困难得多。一方面是因为大多数语言规则，如语音、词汇、语法等，都已经被整理成册，以书本和文字的形式在大众中传播，因此人们有本可依、有章可循。但是语用规则并没有被总结成文字记录在书中，形成一个标准的用法和规则，只有少量文章和书籍涉及了语用规则，且大多只浮于表面。因此目前尚没有完整的教材对语用规则进行总结，这对于语用规则的普及是一个很大的阻碍。另外，人们在学习语言规则时大多比较自觉且谨慎，但在学习语用规则时则缺乏这方面的自觉性。例如，我们问一个中国人某些词语怎么读，他一定能快速且正确地回答，但若是问他某个词语的用法和规则，恐怕他就会很难回答了。

不同的文化体系中存在着不同的称谓体系。而称谓体系与人们的日常生活有着极其密切的关系，因而在同一文化体系当中，随着时代和社会的变迁，称谓体系也会在一定程度上发生变化。例如，普通话"奶奶"，上海话叫"亲妈"，梅县话叫"阿婆"，潮州话叫"阿妈"。我国的社交称谓在几十年间发生了很大的变化。1949年以前"先生""太太""小姐"是社交通用的称谓。新中国成立后，"同志"成为最常用的称谓，适用于男女老幼。90年代以来，"先生""太太""小姐"又再度成为一般的社交称谓。

纵观近十年英语社交中的称谓，其发展是较为稳定的，基本上没有很明显的变化。但其突出特点为以名相称，这一特点在美国最为明显。在美国，小到婴儿，大到八九十岁的老人，都可以名相称，人们不会觉得直接以名相称是对他人的不尊重。当然，在一些正式场合，或者双方社会地位相差悬殊的情况下，还是应当考虑对方的职业、职位、年龄等因素来确定称谓的。

尽管近年来人们在使用称谓方面更加灵活和随意，但人们依然将称谓的使用作为判断一个人是否礼貌的重要因素。在一项对于英语国家在华任教的教师的调查中发现，英语国家的教师无法接受学生呼她的姓。例如一位教师的全名为 Marcia Vale，那么学生应当称呼她为 Dr Vale 或 Marcia，但一些中国学生直呼她为 Vale，这使得这位老师非常反感。因为在英语当中，如果只称呼别人的姓，只发生在以下几种情形当中，即小学里教师对于学生、教练对于球员、监狱看守对于囚犯的称呼等。但在汉语中，称呼他人为"小李""老张"则都可被人接受。

不同的国家和文化对道歉有不同的态度。以日本和美国为例，日本人倾向于道歉，他们更积极地承担责任。有时他们甚至采取一些激进的方式来表达他们的歉意。而美国人更倾向于解释所发生的事情，而不愿直接道歉。1982年，在一个月之内连续发生了两起空难。一起发生在美国华盛顿，一起发生在日本东京湾。前一起空难中死亡77人，后一起事件中死亡24人。东京湾空难之后，航空公司总裁出面道歉，并亲自拜访死难者家属，向他们当面道歉，在这之后，还提出了辞呈。机长及领航员也为事件表示了歉意，一年之后，运输司司长承认自己对此事件的责任以后辞去了自己的职务。但美国华盛顿的空难事件发生后，官方采用一系列方法和手段来向公众解释这一空难问题，而机组人员、航空公司、政府官员中没有任何人为此事承担责任，也没有正式地向公众或死者家属道歉。一项对于日本和美国大学生的调查表明，在同一情况下美国人做解释的可能性高于日本人一倍，而直接说："I'm very sorry."承担责任的人数，日本人总是超过美国人。从这里也能够看出美国与日本在文化思维方面的巨大差异。

上述的例子都很好地说明了语用规则在跨文化交际中的作用，很明显，仅仅掌握词汇和语音，而不懂得语言规则，是无法进行国际的正常交流的，否则必然会因文化不同而产生误会。

二、非语言交际

（一）非语言交际的界定

语言是交际中最常使用的工具，但事实上，很多时候交际双方的情绪交流与情感沟通都是建立在非语言交际之上的。因此在跨文化的交际活动当中，掌握正确的非语言交际方式，是推动交际合作的重要因素。非语言交际包含的范围十分广泛，如眼神、手势、身势、微笑、面部表情、服装打扮、沉默、身体的接触、讲话人之间的距离、讲话的音量、时间观念、对空间的使用等。据一些学者研究，在人们的直接交际过程中，大约有70%的信息需要依靠非语言手段进行传播。换言之，非语言交际手段的信息承载量远远大于语言交际手段。尽管我们很难确定这一数字是否准确，但至少能够确认的是，非语言交际在交际活动中具有不可忽视的作用。

在交际学的研究中，非言语交际的研究越来越受到重视，并有越来越多理论成果诞生。对非语言交际的研究通常可以追溯到达尔文对动物与人类行为之间关系的研究。早在20世纪20年代，克雷奇默就撰写了《体格与性格》一书。该书的出版被学术界看作体态语研究正式开始的重要标志。而博威斯特则于1952年出版了《体语学导论》，在这一书中，作者详细地论述了体态语的一套专有符号。霍尔作为国际知名人类学家，曾撰写并出版了四部著作，分别为《生命之舞》《超越文化》《隐藏的维度》《无声的语言》，这四部著作均是对非语言交际的研究，且内容翔实，极具参考价值。此外，在这几部著作中，霍尔还提出了一些独到的见解，这些理论成果都极大地推动了非语言交际研究的进步。此外，法斯特的《体态与交际》一书对体态语及其作用进行了介绍，并用通俗易懂的语言向大众传播体态语的运用。尽管该书中并未建立起完善的非语言交际体系，但至少提升了非语言交际在交际学中的地位，使越来越多的人开始关注非语言交际问题。

对于非语言交际的定义我们不在这里展开深入的讨论，但我们不妨把有些定义做一个简单的介绍。萨莫瓦尔和波特的定义是："非语言交际包括在交际的环境中人为的和环境产生的对于传播者或受传者含有潜在信息的所有的刺激。"定义着重指出：①非语言交际是交际过程中发生的，但并不是所有的动作都属于非语言交际。例如，一个人独自工作时，他打哈欠、伸懒腰等动作都不属于非语言交际。但如果他处于一个公开的场合，如会议之中，那么伸懒腰、打哈欠等动作意味着他对这场会议是带有不耐烦情绪的，这个时候的动作就带有非语言交际的含义了。②非语言交际既可以是有意识的，也可以是无意识的。例如，由于汽车拥挤造成乘客与乘客之间的距离缩短，这是无意识的，但这种拥挤现象却造成了人们之间的非语言交际。③不论是哪一类非语言交际，都必须包括潜在的信息。

玛兰德萝和贝克把非语言交际界定为"个人发出有可能在他人头脑里产生意义的非语言暗示的加工过程"。这一定义也在强调意义的产生。例如，眨眼这一动作本质上是人们的生理本能，从生理学角度来讲，并不存在任何特殊的意义。但如果将眨眼动作放在特定的文化环境当中，眨眼就可被看作一种暗示行为，这便涉及非语言交际。

（二）非语言交际的特点与作用

玛兰德萝与贝克的分析表明，非语言交际与语言交际存在五个方面的区别。

第一，语言交际具有严谨的语法规则和结构，而非语言交际却正好相反，它没有正式的规则和模式，也没有固定的结构。因此在理解非语言交际行为的时候，往往要综合考虑它所处的环境和情况，以免产生误读。比如说，用拳头打人，如果是关系好的两个人可能是亲密关系的显示，如果是陌生人之间那就是愤怒的表现了。又如，哭泣也有着不同的含义，可以是悲伤的哭泣，也可以是激动的哭泣或者喜极而泣。

第二，语言交际使用特定的符号，而非言语交际没有一套意义明确的符号。英语使用26个字母和由字母组成的单词。字母和单词是表达概念的符号。汉字是汉语的表意符号，具有明确的含义。在非语言交际中，虽然有许多相似的象征性表达方式，但并不是每个动作都有固定的意义。例如，将拇指与食指合拢，其余三指伸直，这一手势在中国是数字"三"的意思，但在欧美国家，则有"没问题""很好"的含义。

第三，语言交流是在讲话时进行的，而在停止讲话时则中断。言语总是断断续续的，因此，语言交流是不连续的。非语言交际与此不同，它是连续的。具体而言，一个人走进一个房间，不论他（她）是否自觉，都在不断地进行非语言交际。他（她）的衣着、举止、表情都在不断地传达某种信息。

第四，人具有能够进行言语活动的能力，但任何一个人都不可能一出生就会说话。因此语言能力需要通过后天习得。而非语言交际中所涉及的动作，其中有很多来自人的自然生理行为。如眨眼、哭、笑等，这些动作是人与生俱来的能力，不需要通过后天学习。但在现实的非语言交际当中，如何控制自己的非语言行为进行信息的传递，却是需要预先设想和准备的。

第五，从神经生理学的角度来看，用于言语交际和非言语交际的大脑半球是不同的。目前的研究结果大致可以证明，大脑的左半球通常负责语言交际工作，而大脑的右半球则主要负责非语言交际工作。

在绝大多数时候，语言交际与非语言交际是相互结合进行的，不同情形下，二者所起到的作用不同。我们在机场欢迎客人，一边说 welcome to Beijing，一边热烈握手。在这里，握手的动作事实上就是对语言交际的一种补充，也是对情绪的增强。例如，当人们收到一件不喜欢的礼物后，尽管嘴里向对方表示感谢，但脸上却流露出不高兴的表情。此时对方听到的语言和看到的非语言动作意义并不相同，这就表示收礼物者用表情否定了自己的言语。在这种情况下，人们都更倾向于相信非语言动作传达出的信息。再如，交通警察指挥机动车辆，股票交易所的交易员在嘈杂的大厅里传递买卖的信息和行情都使用非语言手段或指挥棒替代语言交际。人们在讲话时，常常用手势加强语气，或强调某一个论点。

（三）眼神、手势、身势及服饰

1. 眼神

美国非语言交际的研究学者和相关教师发现，黑人儿童和白人儿童在听老师说话时，其眼神有明显的不同。黑人儿童往往习惯避开老师的眼睛，会望向地面或者其他的地方，避免直视老师；白人儿童则正好相反，他们会直视老师，基本上不会有眼神飘移的情况。这与他们所受到的家庭教育是息息相关的。在黑人儿童的家庭文化中，在聆听别人讲话时直视对方的眼睛是很不礼貌的，因此他们也从小被教导不要出现类似的行为；白人儿童的家庭则教导他们在聆听对方说话的时候一定要看着对方的眼睛，认为这是一种聚精会神地听的表现，同时也能表现对对方的尊重，眼神的飘忽不定是心虚和不诚实的表现。在亚洲的许多国家，人们认为讲话时眼睛直视对方是不礼貌的。尤其是下级在听上级讲话时，下级眼睛往往向下看以表示尊敬。阿拉伯人在讲话时通常盯着对方的眼睛，与中、日、韩国人有明显的不同。

对于眼神的研究表明，女性比男性更多地注视对方。女人之间在谈话时看对方的次数比男人之间谈话时看对方的次数多，而且时间长。一种解释是女人比男人更重视人际关系，更重视人们之间的感情交流。

研究还表明，"我们对不喜欢的人，看他的次数就会减少，因为看是一种表示喜爱的信号。当我们希望得到别人的赞同和注意时，看对方的次数就会增多"。

眼神还对话轮转换起调节的作用。听的人逐渐加强对讲话人的注视，点头更加频繁，这说明话轮即将转换，听的人可能要接着讲话。研究者发现，目光接触在对话的前三分之一部分占63%的讲话时间，但到了对话的后三分之一时目光接触增加到83%，话语权的接替想要成功，那么对话的双方必须在交换话语权的那个时间点或离其不远处进行目光接触。这种眼神的暗示能帮助我们了解到何时应该放弃谈话，何时会得到对话的反馈，以及何时应该进行话语权的轮换，等等。

通常情况下，当人们遇到陌生人之后，通常是目光接触后立即离开。与陌生人目光接触后，如果你不移开眼睛，那么这种目光通常包含着好奇、感兴趣、喜爱等意义。例如，当一个男孩看到一个漂亮的女孩时，他的眼睛可能不会移开，这表明他对这个女孩很感兴趣，而且印象很好。然而，我们的文化习俗规定,盯着陌生人看是不礼貌的。因此,在这种情况下,人们往往不得不进行遮掩。

2. 手势

各民族都用手势表达一定的含义,但同一手势在不同的文化中所表达的含义往往并不相同。例如,将手掌平放在颈部下方,在中国文化中,它意味着杀头,但在英语国家的文化中,则表示吃饱了。

事实上,即便在相同的语言环境当中,不同地区的人在手势文化习俗方面也具有差异。例如,在我国的广东省,当人们去朋友家做客时,主人会为客人斟酒、斟茶,此时客人通常会用食指和中指轻扣桌面,以此表示感谢。但这种动作如果出现在我国北方地区,则会引起主人的反感。

此外,还有一些手势起源于某种特定的文化。在西方国家,人们会在日常生活中使用一些特殊的手势。那么在与西方人进行交流的时候,我们首先需要了解这些手势应当如何使用。例如,在英国,如果有人站在马路边向上伸出拇指,是表示希望搭便车。英美人将中指放在食指上面,则表示希望事情能办成;伸出食指与中指,作"V"形,则表示胜利,这个手势是在第二次世界大战胜利后逐渐流传开来的。将双手推开,然后耸耸肩膀,表示"没有办法""我不知道"。如果将手兜起来,放在耳后,则有听不见或听不清楚的意思。

有些手势在不同的国家具有相同的含义,是跨越文化的存在。例如,把拇指、食指、中指放在一起轻轻搓动,无论是在我国,还是在欧美或中东地区,都是代表钱的意思。

3. 身势

一般来说,南欧、中东和拉丁美洲的人说话时带有的动作较多,且动作幅度更为夸张;英国人、美国人动作少,幅度小。中国人、日本人和韩国人也属于动作少、幅度小的一类。有人开玩笑说,如果意大利人的上肢被截肢,他们就不能说话了。可见手臂的运动对他们来说是进行语言表达和情感交流的重要因素。

从一些西方国家的电影中我们可以看到,西方大城市的人们在街道上行走时,总是步履匆匆,很难会有人在街道上缓慢地散步,这与他们的文化传统有关。当中国人刚去到这些西方国家的大城市的时候,往往会不习惯这样"赶路"的行走方式,需要经过很长一段时间才能慢慢地接受。

此外,身势和一个人的社会地位也有一定的关系。通常情况下,地位高的人比地位低的人在言语姿态方面更加随意。一项研究表明,在美国的医院里,医生在员工会议上可以更随意地坐下来,溜到护士的办公桌前和护士顶嘴,而护士和服务人员必须时刻注意自己的行为举止。

4. 服饰

服装有三大功能：舒适、遮盖和文化展示。尽管现如今的服装仍然以舒适、遮盖为主要功能，但随着人们思想越来越开放，人类文化日益繁荣，服饰的文化价值也得到了凸显。在西方国家的历史上，为了区分不同的社会阶层，服装是由法律规定的。例如，平民不允许穿遮住臀部的紧身衣服。如果一个骑士被发现穿着超越身份的衣服，他将被罚款，他的衣服将被没收。此类例子在中国历史当中也是存在的。

在现代社会中，衣着服饰是一个人身份地位的象征，同时也是一个人的职业身份名片。例如，一部分高级餐厅会对用餐的客人做出服装上的要求，明确规定穿牛仔裤的客人是不能进餐厅用餐的。此外，IBM公司也对服装进行了规定，要求公司代表和公司经理必须统一身着黑色套装搭配硬领白衬衫。尽管现如今，这种制度已经不复存在，但这种白衬衫和黑西装的搭配已经成为IBM公司的企业文化。在欧美国家，许多政府工作人员、律师、银行和大公司的雇员一般衣着比较正式。据相关学者研究，人们的服装会对人产生说服力。有学者曾对服装对其他人行为的影响进行过研究。例如，他让四个男人在纽约布鲁克林区的街道上命令153个成年人站住。这些男人的衣着包括平民模样的（穿运动衫或戴领带）、送牛奶模样的（制服、白裤子和牛奶瓶），以及卫兵模样的（制服、领章、领徽，但不佩枪）。这四个男人要求行人做下列当中的一件事：①拾起一个手提包；②为别人放一角钱到停车计费器中去；③站在公共汽车站牌的对面。通过实验发现，无论哪一种行为，都是穿卫兵制服者获得更好的实验效果。这就表明服装能够给予人们特定的信息，并取得人们的信任。

（四）触摸

触摸分为五类：功能、社交、友爱、情爱、情欲。功能触摸是不带有感情的身体接触，如医生检查病人的身体、理发师为顾客剪头发时的身体触碰等，都属于功能性触摸或者说职业性触摸，这些触摸是不带有任何个人感情色彩的。社交性质的触摸包括握手和礼仪性质的拥抱。亲友分别许久，再次见面时亲密地握手和拥抱则属于友爱的类型。男女恋人的触摸属于情爱类，而最后一个类型则是性接触，一般存在于两性之间。

对于触摸，不同的文化有着不一样的规定，对触摸的对象、范围和形式都有着文化方面的要求。如果对于触摸的处理不符合当地的文化环境和文化界定，往往会造成让人尴尬甚至不愉快的后果。

人们早就发现，不同民族的人对于身体接触的态度也是不同的，因此研究学者根据这些民族文化中身体接触的多与少，将文化划分为"接触性文化""低接触文化"。

有学者认为，气候温暖的国家，他们的文化具有接触性，而气候寒冷的国家的文化大多属于低接触文化。接触性文化国家有地中海地区的国家、阿拉伯国家等；而低接触文化国家包括德国、英国、美国以及日本。澳大利亚介于两者之间。一种解释是，寒冷地区的人们主要关心如何尽快完成工作任务，因此他们的人际关系往往更加冷淡；而气候温和地区的人们可以进行更多的户外活动，并且彼此关系密切，因此他们有更多的身体接触。这似乎解释了一些国家和地区之间接触程度的差异。然而，事实上，这种解释过于简单化，无法解释某些社会现象。例如，俄罗斯大部分地区的气候寒冷，然而，俄罗斯人比中国人更喜欢拥抱和肢体接触。显然，这里涉及了文化传统的问题，如果将人们是否愿意进行肢体接触归因于气候环境，未免有些牵强。

值得一提的是，英国和美国人通常对肢体的接触比较抗拒。特别是在拥挤的公共场所，我们能够看到他们会极力避免触碰到别人。所以，在英国、美国的公交车、地铁上推撞拥挤是十分不礼貌的行为。而在狭小的电梯中，人们不得不与周围的人有或多或少的肢体接触。此时他们会尽可能收紧自己的双臂，并表现出情绪上的紧张感。

另外，美国人与日本人相比被触摸的情况不是更少而是更多。有学者做过一次实验，他让一组美国人和一组日本人分别说明在他们14岁以后身体的哪一部分被父母亲、同性朋友或异性朋友抚摸过。调查结果说明被抚摸最少的美国人比被抚摸最多的日本人实际上被抚摸的次数还要多，有些日本人在14岁后未被任何人抚摸过。

按照我国的文化传统来说，人们在公共场合的身体接触是很少的，特别是男女之间的接触。我们的文化环境对公共场合中的拥抱、接吻等行为是持羞涩和抗拒的态度的，但近年来情侣之间牵手逛街已经成了一种常见的现象。在我国文化中，触摸小孩子是一种亲昵的表现，如果是亲友的小孩，摸小孩子的头、亲他们的脸都是一种友好的表示。但是在西方国家这种行为则是不被允许的，除非是家庭成员或者是关系极为亲密的好友，人们通常都不会允许别人随便触碰或亲吻自己的孩子，因为在他们看来这是非常危险且不礼貌的。在泰国，孩子的头是绝对不能抚摸的，他们认为头是一个人最神圣的部位，随意触摸他人的头部是极大的不恭，小孩子的头只允许国王、僧侣和其自己的父母抚摸。在理发店理发之前，理发师通常先说"对不起"，然后才能开始理发。

在许多西方国家，家庭成员和亲密的朋友在分开一段时间后再次见面，或者说再见时，他们经常拥抱和亲吻。但相互拥抱和亲吻的行为只限于女性之间或男女双方。如果是两位男士，那么他们之间仅仅会握手来表示告别。但在阿拉伯国家，男士之间也经常拥抱。拥抱这一社交行为在西方国家属于社交礼仪的一部分，因此如何拥抱、拥抱的程度都有讲究。此外，拥抱的时间长短与次数也与双方的亲密程度有着直接的关系。

但在我国，在中华民族传统文化的影响下，人们在社交场合大多表现得比较含蓄，因此并没有拥抱、接吻等习惯，甚至至今中国人也很难接受拥抱、接吻等社交方式。正因如此，国内一些学者认为，可以用人们对此类交往方式的适应度来检测西方国家中华人接受当地文化的程度。

国外的一项研究表明，英国人、法国人在身体接触方面的态度有着明显的不同。研究者在大学和大学附近的商店里随机选取一对正在聊天的朋友作为实验样本，这两个人不能是恋人关系，也不能是密友。研究者会记下一小时内双方触摸对方身体的次数，从而得出相应的调查结果。据调查结果显示，美国佛罗里达州 2 次，英国伦敦 0 次，法国巴黎 10 次，波多黎各的圣胡安 18 次。我国的潘永棵教授根据这一模式也做了类似的调研。他在一个公园中进行了十几次的观察，发现公园中的交谈者进行肢体接触的平均次数为 8 次。由此看来，中国人在公众场合进行肢体接触的行为是相对较少的，且大多数人并不习惯这种交往方式。

（五）时间观念

人们早已经意识到不同地区和不同民族的人们对于时间都有着自己的一套理解，因纽特人习惯于按照海水的涨潮和退潮来安排自己一天的工作，而美国阿拉斯加州的人们则更习惯于听从汽笛的指挥。澳大利亚土著人在他们自己人中使用的不是钟表时间而是"库里时间"，所谓库里时间是指完成一件任务或走一段路程所需的时间。在当代国际社会，大部分国家都认为准时是人际交往中十分重要的行为。

但阿拉伯人、墨西哥人和瑞士人对准时的理解却不同。即使在同一个民族和国家，由于社会阶层不同、生活方式不同，人们对时间的看法也不尽相同。例如，在中国的农村和城市，时间有不同的含义。广大农民群体在长期的农村自然经济环境下形成了日出而作、日落而息的生活习惯。因此农民不会对时间有太过精准的概念。但如果在城市当中，工业的发展使得企业主极为重视自己企业的生产效率，因为只有将自己企业的平均生产时间降低到产品平均生产时间以下，企业主才能够获利。因此在工业文明的影响下，城市人对时间的把握更为精确。

在当今世界，人们的一切活动都离不开时间的控制。什么时候起床，什么时候吃早饭，什么时候上班，什么时候下班，什么时候回家吃饭等，可以说，每个人的日常生活都有严格的时间控制。事实上，如果人们的日常生活时间安排被完全打乱，那么整个社会的平衡状态也会被打乱。

国外一家钟表公司为了了解人们对钟表的需求程度，对某一小城镇的1100人进行了为期两昼夜的试验。试验人员把居民与时间"隔离"起来，使用的方法是将手表、闹钟、公共时钟等一概遮盖起来，连教堂的报时钟也不让他们听到。结果是人们在48小时中情绪明显变得紧张烦躁，许多人不知所措，甚至连自己是否该吃饭了都犹豫不决。这说明具有精确的时间观念已成为城市现代化生活方式的一个特征。

人类学家霍尔经过多年的观察和研究，将人们大致分为两大类：一类是遵守单时制的人，以北美、北欧、西欧等国家为代表；另一类是遵守多时制的人，以拉丁美洲、中东地区国家为代表。单时制指的是将时间看作可进行分割和安排的一条直线，遵守单时制的人习惯于按照时间表办事，强调事先对所做的事情进行安排。多时制指的是同时处理几件事情，强调任务的完成和参与，不强调一切按照时间表办事。单时制的人通常认为他们对时间的使用是唯一科学的，在同一时间同一地点只能处理一件事情，一件事处理完以后再处理第二件。美国人在拉丁美洲、中东地区活动时，常常发现尽管事前与那里的政府官员有约会，但是，官员都是在接待室内与几个人（或几组人）同时谈话，同时处理几件事情。在单时制的人看来，这是对于他的不尊重，同时间使用得也不经济。但是，在多时制的人看来，单时制只强调时间表，而不问客观情况，不论问题是否已经谈清，不论人们之间的感情是否已经充分交流，只要时间一到，立即结束这项活动而转向下一项活动，不合情理。拥有不同文化背景的人不仅在单时制、多时制方面表现出明显的区别，甚至在进行同样的活动时，他们对活动项目的策划与筹备、开展和收尾等各个工作阶段的时间安排也有着不同的看法。

现代社会是一个快节奏的社会，因此做任何事，都要提前计划。尤其是一些大型的、参与主体较多的国际活动，通常需要好几年的时间来进行各个方面的准备工作。且这些活动开展时，都会严格遵守活动章程。电影制片人靳羽西曾经对记者说，她已经把一年的日程全部预先做了安排，一年后她在什么国家的什么城市会见什么人已经确定下来。例如，如果要安排一些社交活动，或者会议、洽谈活动时，必须提前足够长的时间邀请对方。否则，别人很难做出安排，并会感到不快。如果希望邀请某人共进晚餐，那么主人至少应当提前一周的时间向对方发出邀请，否则对方会觉得主人缺乏诚意，自然会直接拒绝。

　　从某种层面来看，"准时"已经成为国际上十分普遍的概念。但事实上，在不同国家和地区，在不同的环境条件下，人们对"准时"程度的把握还有很大的变动余地。例如，在北美和英国，一旦与人约定要准时到达，那么就必须准时，最多不能超过5分钟，否则就会引起对方的反感。而在阿拉伯国家，似乎迟到十几分钟都是十分正常的事。在美国，如果与一些较为亲密的朋友聚餐或出游，那么迟到十分钟以内是可以被接受的。而在意大利，即便是晚到一两个小时，对方也不会很在意，而在埃塞俄比亚，还可以更晚。但值得一提的是，英国的晚宴中，可以允许客人迟到十分钟左右，却不能接受客人提前到达，否则主人会认为客人十分不礼貌。此外，一些聚会没有严格地提出开始的时间，此时客人可以在规定时间之后的半小时左右前去赴宴。

第二章 语言与文化的关系

本章研究的是语言与文化的关系，主要从语言的本质与功能以及语言与文化的关系这两方面进行分析。

第一节 语言的本质与功能

一、语言的本质

对于语言是什么这一问题，人们在不同时期对语言的概括有所不同，同时对于语言的认识与理解也在随着时间的推移不断完善。"就语言本身的结构来说，语言是由词汇和语法构成的系统。语言系统中的每个成分，即每个语言成分都是由声音和意义两个方面结合成的，缺少其中的任何一个方面都不行。前一个方面就是语音，它是语言成分的形式；后一个方面就是语义，它是语言成分的内容。""语言是一种社会现象，是人与人的交际工具，也是使人和文化融为一体的媒介。它随着人类的形成而形成，也随着人类的发展而发展，随着人类的变化而变化。"总的来说就是，语言是人与人之间进行思想交流的手段，它能够传递信息、表达情感，语言拥有一套用来表情达意的完整的体系，包括语音、句法和语义三个层面，也就是我们通常所说的书面语和口语，这些都是人类在日常生活中进行交际使用的言语语言。而一些非言语语言也是人们常用的语言。比如，除了这些书面语和口语以外，人们还会使用到一些动作、表情等来表达自己的想法，这也是对语言的一种必不可少的补充。

"人们不但在相互交际、交流思想的时候要运用语言，而且在进行思维、形成思想的时候也要运用语言。所以，语言不但是交际工具，而且是思维工具。"在思维和语言的关系中，人们普遍认为："人类思维的唯一载体就是语言，思维是需要以语言为载体的。"即语言是人类用来思考的一种工具。因此,人类一旦失去语言就会失去这一工具。在生活中,人们就是通过一些语言来思考的,随着历史的演变,一些由人类创造出的字、词、句子和文章都是人们用来思考的工具。思维活动是一种无声的"内部语言",在人类的大脑内部进行。我们在这里所说的"活动"指的是"编码和解码"的过程。语言既是人类文化非常重要的一部分,也可以帮助人们用来进行交际和思维活动。语言和思维的关系密不可分,拥有语言和思维也是人类与其他动物的区别。

生产劳动影响着人类的生活,人类语言的形成也受到生产劳动的影响。"劳动不但使正在形成中的人需要用语言来彼此交谈,进行思维,劳动又使语言的产生有了可能。语言是声音和意义相结合的东西,要使语言有产生的可能,就要有足够的声音材料和意义要素。劳动正是使原始的人能够具备足够的声音材料和意义要素的决定因素。"追溯到人类生活的早期,思维就在外部条件与内部条件的共同作用下产生了。在这些影响因素中,外部条件通常指的是一些关于外部世界、客观现实方面的条件,如生产、狩猎和人类本身所生活的自然环境等;而内部条件通常指的是人们自身的身心发展,如人类大脑的神经系统和身体上的发声器官等方面,在时代更迭中不断发育,如今已经发育得非常健全。我们知道,生产活动是人类正常生存所必须进行的活动,彼此间的交流成为活动过程中的基本需求,于是人类的语言就应运而生,从最简单的单字词和单音词逐渐发展为多字词和多音词,直到发展为短语和句式。之后经过上千年的发展变化,书面语在此过程中产生,并以文艺的形式呈现,这也代表着文字的产生。因此,言语的产生时间早于文字也是现实社会中一个不可否认的事实。但是语言与思维产生的时间孰先孰后直至今日仍然结论不一。然而可以肯定的是,思维活动不能被简单定义为人类在远古时期为方便对种种身外之物方面的事情赋予意义而创造出的一些字词,因为这种初级的脑力活动最多也只是一些不太连贯的思考,涉及的要素过于简单,而那些比较连贯、复杂的思维是在语言产生之后才有的。在所有生物里面,除了人类,没有其他同人类一样的思维能力以及思维活动,这一点最根本的原因是在这些生物之间不存在作为高级信号的语言。由此可以看出,语言在人类群体中占据非常重要的地位。

二、语言的功能

语言在人们的生活中非常重要,它通过一些符号系统,如语音、文字等,给人类自身的感受和外部世界赋予一些意义。由于受到不同文化影响的人遇到事情的体会和感觉不同，所以，对于不同的人来说，他们最终所形成的语言符号系统及其表达内容不同（人们的体会和感觉会在长期的实践和语言符号系统下逐渐固化）。另外，受到不同文化影响的群体运用语言的方式也不一样。例如，日本人在交际过程中提倡使用简洁的语言；而阿拉伯人则与日本人刚好相反，他们通常使用大量的修辞手法。

笔者认为，语言的功能可以从宏观和微观两个方面去看。从宏观上讲，交际和思维这两种功能是语言的主要功能。在宏观层面，著名的语言学家奈达认为，语言具有社会学和心理学两方面的功能，其中，社会学功能指的是人们与他人之间的沟通，而心理学功能指的是人们的内心世界与现实世界之间的沟通。从实质上看，心理学功能与社会学功能有一定的对立性，心理学功能是主观的、内隐的功能，社会学功能是人际的、外显的功能。从微观上看，上述两大功能又分别包括五个具体的功能。

（一）语言的心理学功能

语言的心理学功能指的是人们的内心世界与外部世界的沟通。人们在认识世界时所产生的心理和智力活动就是其思维功能，而这一功能往往有自主性和内隐性等特性。奈达认为，心理学功能又可以细分为以下五种功能：命名功能、陈述功能、表达功能、认知功能和建模功能。

1. 命名功能

在语言众多的心理学功能之中，首先要提到的是它的命名功能。语言的命名功能是指，人们通过语言来标识事物，也就是说，人们往往通过使用语言这一技能来区别一些事情。奈达说过："赋予个人的体验以名称这样一种心理需求是如此的明显，以至于人们有时只有在读过海伦·凯勒的扣人心弦的故事以及获悉她通过发现水的符号而获得强大洞察力之后才会意识到这种需求所蕴含的重大意义。找到恰当的词语来标识个人体验所遭遇的某些事件似乎可以提供对于这类事件的某种程度的掌控。"

我们知道，在远古时期，人们虽然懂得事物之间是有区别的，但因为人们那时尚未拥有语言这一技能，所以很难将这些情况表达出来，因此，人们只能使用一些方法把事情的大致情况或者事物的外部形态记录下来，以便和他人沟通。但是，这样的方式使得人们在交流的过程中只是对于事物的区别有了大致的了解，至于一些不具备典型特征或者没有被记录下来的情况，由于记忆的局限性，很容易造成混淆。

例如，当人们看到两种不同的事物时，一开始并不知道它们到底是什么，只是通过观察的方式看到它们的形象,并感知到两种事物的差别,最终也只是将它们的形象记在心中。这样,人们需要记忆的事物就越来越多,各种事物形态各异而又不能叫出它们的名字,这就会造成大脑对事物的记忆产生混淆。由此也可以看出,人类辨别事物和记忆的能力存在一定的局限性。因此,对事物进行命名已经成为当时人们生产生活中的必要需求,随后便出现了对于植物、动物、事物的各种命名。这一问题在语言的诞生与发展过程中得到了解决。人类运用语言给予事物名称,这不仅仅是一种简单的命名行为,而是通过命名来对事物进行区分,这样的过程有助于人类智识的进步和记忆力的发展,它对每一件事情都给予了一定的意义。

2. 陈述功能

语言作为一种人们常用的工具,只具有命名的功能是不行的,它还需要具有陈述功能。古今中外,人和事物之间一直有着各种联系和交往,与此同时人们还需要把它们表达和传递出来。因此,这就体现出了语言的陈述功能。语言的陈述功能是指,语言可以用来说明和描述事物与事件之间存在的联系。为了解决这些有关描述的问题,人类创造出了一些语法,形成了一些命题。然而,仅仅有这些命题还是不够的,为了充分满足这一需要,人们就运用很多命题,使之成为篇章,这样就可以表达出相对复杂的问题了。

例如,有一天,我们在一个草地上玩耍,忽然看到一群牛在吃草,如果我们想描述这个现象,就会用一个句子来说明,即"牛群在草地上吃草"。而此时,放牛人还会和我们打招呼说:"嗨!欢迎你们!"我们听到这句话,就会回答:"谢谢啦!"等到我们回到家,想要把今天遇到的这件事告诉家人,我们就会说:"今天我们去了一个草地,我们在那里受到放牛人的欢迎,牛群在草地上吃草。我们的眼前是一些美景:蓝天、白云、绿草、可爱的牛。太美了!"在这个例子里就有单个的命题,也有由多个命题构成的篇章。只是,其中的"嗨!欢迎你们!""谢谢啦!"这些句子就不是陈述行为,而是语言的表达功能,这一点笔者在下文中有详细的分析。

3. 表达功能

语言的表达功能指的是,语言通常被用来表达人类的自我内心情感和主观感受。在这一方面,人们可以用单音节的感叹词来表达,也可以用一些短语或完整的句子来表达。这些语言往往带有强烈的感情色彩,是人们对于某人、某物或者某事所做出的强烈反应,并且是在不经意间脱口而出的。

例如,当人们看到令人诧异的事物时,可能会说:"Oh, my God!"

"Wow! Look at that!" "Oh, I didn't know that.";当人们遇到天灾人祸、惊慌失措时会说:"Goodness gracious!" "Goodness me!";当人们听到或看到可怕的事情而感到恐惧时,他们会说:"Oh, how horrible!";当人们遇到讨厌的人或事情时,他们往往会说:"Damn it!" "Damn this work!" "Damn you!";当人们表示赞成、满意、思考、疑问时会说:"Mm!" "Mm..." "Mm, I see what you mean.";当人们表示同意、赞成时还经常用:"Ok!";当人们忽然觉得疼痛时,他们往往会说:"Ouch! That hurt!"。

语言的表达功能还包括运用词句来抒发内心的情感,将美学的意义赋予语言。例如,诗歌、散文、演讲词等都是人们用来表达内心情感的语言形式,不管是通过文字形式呈现的还是口头直接表达的,人们都非常注重一些关于语言技术方面的调整,如节奏、韵律甚至是一些文章的框架等,能够使语言在传递信息、表达情感的同时给人以美的感受。正如奈达所说:"然而,要使语言具有表达功力,就要求我们在遣词造句的过程中做出美学的努力以展示词语的平衡、协调和对称。我们可以掌控运用词语使之创造或反映某种特定的心理氛围,如严肃的或戏弄的、清晰的或神秘的、命令的或建议的。美学的表达也可涉及节奏,包括语音的节奏和语义的节奏。"

4. 认知功能

在语言的众多功能中,认知功能是最关键的。认知功能是指人类将语言作为媒介,并运用这种媒介进行思考的功能。就像前面所说的,人类通过语言来进行思维,思维和语言密切相关。语言在人类的生命活动中发挥着重要的作用,它能够帮助人类区分自然界中存在的事物;能够帮助人类更好地认识陌生的事物,并通过思维认知将不同的事物联系起来,探寻事物之间的关系所在;还能够帮助人类认识更复杂的事物,人类会因此而变得聪明,从而创造出更灿烂的精神和物质文明,最终就有了非常丰富的文化。语言可以最好地帮助人类认识世界和改造世界。

例如,如果一位学习非常努力的学生某天突然没有来上课,其他学生会想:"He shouldn't play truant because he is a good student who has never been absent from class. Maybe he is ill or trapped in something important.";而如果我们走在路上,发现前方有很多人围在一起时,我们会想:"What has happened? Oh, there must be an accident. Is there anybody injured?";当善于思考的牛顿发现从树上掉下来一个苹果时,他会想:"Why does the apple fall down to the ground instead of flying up toward the sky ? What force is it that gets it down ? "。

上述就是人们的一些思维活动，这是人们对于个人感受或外部的客观事物等方面的认知，语言的认知功能就是在这些思维活动中体现出来的。

5. 建模功能

语言的建模功能是指，语言可以用来构建反映客观现实的认知图式。人类通过探究和概括语言反映客观现实的内在规律，借助语言来创建能够使人类更快更好地认识客观世界的心理图式或认知模型。语言已经成为人们生活中不可或缺的一部分，运用零散的或是连贯的句子来表达客观现象逐渐不能满足人们的需求。人类的认知能力、语言表达能力在不断地提高，词语也越来越丰富，并逐渐感觉到词语对于人们认识世界有着强大的作用，由此以来，全部词语符号系统就形成了反映大千世界的模型。在此模型中，词语被分为很多层次，指代单一具体事物的词语处于层次中的最底层，随着层次的提升，词语所指代的内容越来越广泛，也越来越笼统。在当代的语言学中，处于上层的词语被称为"上义词"；反之，处于下层的词语被称为"下义词"。词语的上、下义词是被灵活定义的，在生活中，往往一个词在成为上义词的同时又可以是另一个词语的下义词。就算在人类早期，有一些词语只能作为下义词，但由于时代的更迭、新事物一直在出现，这些词也有可能会成为某些词的上义词。比如，人类早期在创造"花"这个名词时，还不知道"花"有很多类别，然而时代在不停地发展，慢慢地就出现了关于其他花朵的名字，如"玫瑰花""牡丹花"等，而"花"这个词就成了上义词。又由于人们发现"花"这个事物只是众多植物中的一种，于是就有了"植物"这个上义词，而后"植物"上面又有了很多词。之后，一些抽象名词、动词或形容词等也被人们发现了规律。人们的语言就慢慢形成了一定的认知模型。由上、下义词构成的词语系统全面、准确地反映出世界万物，并根据其性质和特征分为不同的类别。

这一功能提高了人类的认识能力，也有助于人们认识客观世界。人们探索了语言的内在规律，寻求词句、篇章等内容的形成规律，才实现了语言的功能。众多语言学家一直对语言不断地进行探索，如今已有很多成绩。

例如，在英语中，传统的结构主义语言学派从语言结构或形式入手，从心理学出发，以哲学为根本，把语言看成以语法为核心的音系学、句法学两个层面构成的符号系统，从中归纳出一整套句法和词法规律，构成了一套侧重于语言形式的认知模型。

在转换生成语法学派中,乔姆斯基作为代表,依旧对语言的形式极为重视,认为语言系统的核心是逻辑句法学,并设立了相应的逻辑语法规则,构成了一个"形式系统",用以自由"生成"符合语法规则的句子。他的"模型"分为四个部分:第一,可生成"深层结构"的基本成分;第二,可将深层结构转换为"表层结构"的转换成分;第三,赋予词句以语音表征的音系成分;第四,赋予词句以意义的语义成分。乔姆斯基引入了深层结构的理论,是对结构主义理论在语义学上的空白的补充,与结构主义学派不同,但最终没有完成任务。乔姆斯基的逻辑句法学过度地追求形式化和理想化,导致自然语言成了按照逻辑语法规则而生成的人工语言,被解析得面目全非,走进了"死胡同"。

现代的功能主义学派语言学家与之前又有所区别,他们以人类学为本,着眼于社会学的观点,以语言的社会功能入手,并认为语言是由音系学、句法学、语义学三个层面构成的多重代码系统。他们根据语言反映现实的概念功能,从语义学出发,将词语分成四类:①实体,即表达客观事物的词语;②活动,即表达一切事物活动的词语;③特征,即描述客观世界万事万物外在及内在特征的词语,主要包括定性描述和定量描述两大类词语;④关系,即反映客观事物、活动之间种种关联的词语。在具体的语言应用过程中,四类词语是交叉使用的,并且相互关联,这样便构成了表达概念功能的基础小句。

实体与活动发生关联时,它可以作为:①施动者;②体验者;③工具;④地点;⑤受益者;⑥目标。活动也可通过定性或定量描述与特征发生关联。例如:"The horse ran very fast." "The old man talked a lot." "The experiment has been successfully performed."。同样,实体也可通过定性或定量描述,从而与特征发生关联,例如:"A beautiful girl is coming up." "Do you see the high building in the distance?" "We can see a great many people crowded in the supermarket."。

关系通常可以在词语的顺序中体现出来。如"Brown hit Jack."(布朗打杰克)和"Jack hit Brown."(杰克打布朗)。关系也能通过词语来表示。如表示时间关系、地点关系、并列关系和连接关系等。

除以上语言学派外,功能学派语言学家以韩礼德为代表,这一学派所创立的一系列认知模型则是根据语言的语篇功能和人际功能实现的。

在人类认识世界的过程中,语言的建模功能发挥了巨大的作用,它提高了语言反映客观事实的准确性,进而使人类认识客观世界的能力大大增强。相反,人类对于语言的认识和了解、人类对主观世界的认识也在加深。

（二）语言的社会学功能

语言的社会学功能指的是，语言是人与人之间沟通与交流的手段，也是这一过程中的智力活动和心理过程。外显性与交互性是语言交际功能的特性。在这一层面，奈达将语言的社会学功能细分为五种：人际功能、信息功能、祈使功能、述行功能、煽情功能。

1. 人际功能

在语言的社会学功能中，人际功能是指人们可以通过语言来维系人际关系。人们往往使用语言与他人互动，或与他人保持联系，又或是突出自身的社会地位。换句话说，人们在与他人沟通与交流的过程中，为了维持或是增进彼此之间的关系，会对自身的言辞特别注意。在不同的场合或面对人物的身份不同，人们对语言的选择也不同，如临时用语、正式用语、礼仪用语、亲昵用语等，这些都是为了突出自己的身份地位和获取对方的好感。

例如，一个管家在准备好的宴会上邀请宾客入座时，使用的语言是演说体，语气比较庄重："The guests should make their way to the banquet hall."；主人在自己家里摆宴席时对客人们使用的是商议体，语气比较礼貌："May I suggest that we all find our places at the table？"；人们在和亲朋好友聚会时，使用的是随意体，语气轻松自然："Come！Let's eat！"；人们在野外聚餐时，也会使用随意体，语气同样轻松自然："Come and get it！"。

以上的几种情况中的语言表达，都体现着上述所讲到的两个方面的目的，既成功地体现出了自己的身份地位，又使得彼此之间的关系得到了很好的处理。

不同身份的人或是拥有不同目的的人，在利用语言进行交流时所表现出来的现象是不同的。地位高的人在对地位低的人说话时往往会用一种高人一等、看不起他人的口气；那些想要提升自己地位的人在与他人进行交流时也会对他人的说话方式进行模仿；还有一种人想要讨好地位高的人，他们在与领导进行交流时，往往是努力迎合领导并使用巴结的语言来讨好领导。语言学家认为这种负面现象是过度使用了语言的人际功能。

人们聊天往往只是为了维系感情或者表达自身的情况。正如奈达所说："语言甚至以严格意义上的应酬方式加以运用，目的是维持往来关系而不是要谈论一些表面上相关的事。例如，鸡尾酒会上的交谈会话的语义内涵常常为零，但是为了让人看上去开心惬意，聪明地不断闲聊一些不相关的琐碎小事是十分重要的。"这意味着，在一些情况下，人们说客套话只是为了维持感情，其实意义不大。

而一些行话和黑话往往也能反映出语言的人际功能。同一圈内的人有属于他们的交流语言，其通过对语言的识别获得了统一群体的认同，这也将人们由此分成了很多不同的群体。这样的语言功能有着一定的保密与区分作用，同时还能够凝聚人心，增加同一群体人员的团结力。

需要强调的是，人际功能是语言最重要的社会功能。

2. 信息功能

在语言的社会学功能中，信息功能指的是，人们可以用语言来传递信息，这个过程可以影响到对方的认知内容和状态。

总的来说，任何人在说话时所表现的都是语言的信息功能，因为，人们都是在向外界传递着一系列信息。但语言在发挥这样的功能时是需要有一定的前提的，即所传递的信息应当在接收信息者所拥有的知识基础和信息结构的范围内。如果两者不相匹配，差距过大，便会导致接收者无法接收信息。例如，教师在向学生传授知识时，所传授的内容必须与学生当前所掌握的知识基础相符合，否则，无论将知识怎样传授给学生，学生也是无法理解的。这也就是教师需要"因材施教"的原因。这里的"因材施教"指的是教师在讲课的时候用到的语言需要根据学生而做出改变，也就是说，即使所讲内容都是一样的，教师的语言也要因为学生不同而有所区分。又如，在一些节目中，播音员、主持人在向视听受众播报新闻稿件的时候就充分发挥了这项功能，然而，一些生活在山区的人们可能会因为受到的教育较少、文化水平较低而听不明白这些字正腔圆的播报，因为有些人甚至根本没学过普通话。

信息功能不仅体现在口语上，书面语言也同样具有这一功能，在一定程度上书面语要比口语更强大。各种图书文献便是对这一说法最有力的证明，图书文献涉及由古至今所有的信息，如政治、历史、地理、科学、艺术等。正如萨莫瓦所说："语言使我们能够记住过去，应对现在，预期和规划未来。"一些非常具有实用性的说明与指南等资料同样展现的是语言的信息功能。

信息功能是语言最基本的社会功能。

3. 祈使功能

在语言的社会学功能中，祈使功能指的是语言可以被用作发布指令。人们在进行交际时，通常会使用语言来发布一些指令，如一些命令、建议和请求等。在以下这些情况下往往会使用祈使句。

父亲在警告孩子时会说："Don't go back home so late next time！"；医生在建议患者时会说："Eat more vegetables but less meat."；教师在指导学生时

会说："Be more careful to avoid the same mistake in your homework."；孩子在祈求爸爸时会说："Please buy me the toyota！"；母亲在提醒儿子时会说："Be quick or you'll be late！"；警官在逮捕犯罪嫌疑人时会说："Open up or we'll break the door down！"。

相关例子有很多，使用这样的语言就可以给对方的行为带来一些影响。祈使功能是最能体现说话双方相互关系的社会功能。

4. 述行功能

在语言的社会学功能中，述行功能指的是语言常常被用来宣布一些行为或事件，这些行为或事件主要是自己或他人已发生或即将发生的。能够体现述行功能的语言往往从词语到句式都非常规范和正式，一些权威人士或组织经常使用。这些语言所表达出的信息与受话人有着密切的联系，决定着他的现状。

5. 煽情功能

在语言的社会学功能中，煽情功能指的是语言可以被人们用于煽情，从而使对方的情绪状态发生变化。有时，人们并不是想要在传递一些新的信息时使用语言，而是以传递情感为目的，通过语言影响他人的心情，使二者在情感上拥有相同的感受，并在观点上达成一致。

发话者所用言词的联想意义和内涵在很大程度上决定了语言的煽情功能。也就是说，语言的煽情作用体现在言辞的联想意义或内涵的丰富多样上。人们如果找到一些非常能够打动人的词语，并且将它们进行充分合理的运用，能够影响受话者的情绪和感觉，这种影响可以非常多面。例如，喜剧演员的语言能够使受话者心情舒畅而忘记忧愁；国家领导者的语言能够激发人们的斗志，使得国人在危急时刻能够不畏艰难、挺身而出；慈善工作者的语言能够触动人心，使得人们能够伸出援助之手，帮助他人；受害者的语言能够打动人心，使受话者感同身受，并愿意给予其精神或是物质上的帮助；商品推广者的语言能够激发消费者的购买欲望。总的来说，在各种场合，语言都能够发挥其煽情的作用。

语言的煽情功能是最能体现交际双方情感交流的社会功能。

人们在运用语言进行表达时，每一个词、每一句话并不只是发挥了语言功能中的某一项，而是同时融合了语言的多种功能在其中，所表达含义不同的原因在于各种功能所占的比例是不一样的，这也体现出了语言的五种功能不是彼此分离的。这一现状在政客的发言中通常是最典型的：第一，在需要提供一些信息来论证自己的思想的时候，他们会用到语言的信息功能；第二，在需要宣布一些计划的时候，他们会用到语言的述行功能；第三，在需要向公众提出一些要求的时候，他们会用到语言的祈使功能；第四，在需要用煽动性的话语来号召公众支持他们工作的时候，他们会用到语言的煽情功能；第五，在需要与公众平等对话，使对话产生良好效果的时候，他们要注意自己的措辞，在这里就会用到语言的人际功能。

第二节 语言与文化的基本关系

一、语言与文化的关系

（一）语言是文化的重要载体

语言是文化的众多载体中最重要的一个，文化与载体的关系既包容又对立。"语言是文化的载体，任何知识想要长期地保存下来都需要借助语言；文化又是语言的内涵。"

"语言是文化的载体，所有人类知识想要长久地保存下来都得借助语言；而文化又是语言的内涵。文化是以语言为载体、为主要表达方式的。语言作为文化的表征，文化演变的鉴证与记载，也已证明它是对各民族文化形态进行结构调查的宝贵途径。通过对语言的研究，我们可以清楚地看见和了解到人类社会里存在的思想观念的继承、意识形态的变化及其来龙去脉、思想结构模式与文化观的延续。""语言实质上是传输信息与思想的工具……语言既是文化的符号，也创造文化。"胡文仲曾说："语言与文化之间有着紧密的联系。正是由于语言的产生和不断发展，文化才得以产生和传承。语言与文化相互依存，不存在没有语言的文化，也不存在没有文化的语言。广义的文化包括语言，文化又时刻影响着语言，使得语言变得更加缜密和精确，从而更好地适应文化的发展。"语言与文化的关系密不可分。文化为语言提供了发展环境，语言是文化的基础。语言是文化很重要的一部分，有着深厚的文化色彩，文化中也包含着很多语言要素。除语言之外，建筑、文学等也都能够作为文化的载体。而语言在这些载体之中是最重要的，其他任何载体都不能与语言相提并论。这是因为：

第一，语言承载着人的思维。"语言是我们自身的一个组成部分——浸润于我们的思维以及观察世界的方式之中。"人类一直到拥有了语言才拥有了连贯而复杂的思维活动。

第二，语言反映了语言运用者的思维模式和思维内容。例如，人们的思维方法和思维路径甚至是"三观"等方面都受到了语言的影响，这表明语言促进了一些国家或民族文化的产生。

第三，语言体现了人们的情绪模式和情感指向。例如，喜、怒、讨厌、热爱、轻视、妒忌、尊重等，都是人们情感和态度中的主要内容，体现了各种文化价值观。

第四，语言记录了人们的文化成果，影响着人们的知识文化。人们用文字的方式把自己民族的经典文化记录下来，如文学、哲学、历史等，都是语言对人类文化的一种传承。

第五，语言影响着人们的生活方式和行为准则。如衣、食、住、行、伦理、道德和礼仪等，都是人们在文化交际方面的内容。

第六，语言反映了人们所在社会的生产力和生产关系，如科学技术和人与人之间的关系等方面，都是保证当时人们生存的基础。

"语言是文化的一个特殊组成部分。如果将文化看作涵盖万物的整体概念，那么语言就属于人类总体文化，即大文化的范畴。但它与总体文化中的其他成分相比是特殊的，并与其他小文化形成一种对立的关系。""从小文化的角度来看，语言和文化是同步的，没有语言就没有文化。"综上，语言是文化的重要载体，语言学家和其他相关研究者一定要对"语言与文化的关系"以及"语言对文化的传承"这两方面进行深入的研究。

（二）语言是文化的风向标

语言是文化的风向标，在"文化是怎样认识或感知客观事实和外部世界的"这个问题中，语言可以帮助人们了解这个问题。世界上所存在的各种文化是不同的，所以，文化所面对的客观事实也是存在差异的，这便促使了语言的发展，人们可以由不同的语言来把握文化。

"虽然任何人的语言与其文化身份归属之间并不存在'一对一'的关系，但语言却是个人与特定社会群体之间的关系的最为敏锐的指示器。""语言可以帮助我们了解彼此，另外，因为语言是文化的反映，它又帮助我们把握文化。了解相关文化是人们可以真正使用好一门语言的前提。"学习语言和学习其文化的关联很深，语言影响着人们对于世界的认识和感知，语言也可以反映当时社会的文化现状，因此，了解不同文化的语言，有助于人们理解不同的文化。

（三）文化是语言的孵化器

语言和文化反映了很多民族的发展状况，二者互相影响。语言通过思维影响着文化，文化也在改变着语言，一旦文化发生了变化，人类的语言也会有所变化。

（四）语言与文化各司其职

语言与文化各司其职指的是，语言与文化各自发挥着不同的作用。

1. 语言的作用

人类思维的唯一载体就是语言，文化的产生又依赖于思维，语言能够反映出不同群体中存在的文化，并且对文化有着很大的影响。因为如前文所述，文化的产生需要以思维为前提。人类有了思维，才会产生"三观"、宗教、艺术等，这些都包含在文化的范畴里面。

语言影响着思维，同样也会影响文化。一方面，哪怕是在同一时期，在不同社会阶层中，人们使用的语言也不同。就拿当今时代来说，生活在非洲偏远地区或是热带雨林深处的亚马孙河地区的人，他们的语言表现力和蕴含在语言中的文化与大部分其他地方的人都不同。而另一方面，在古代，人类的语言相对简单，没有现代人那么复杂和丰富，也就是说，语言在不同时期也有所不同。

此外，由于语言可以使文化在同一时期的人们之间传播，也可以使文化在不同时期的人之间传播，因此，语言是文化的传承者和传播者。

2. 文化的作用

语言是人类思维形成的决定因素的一部分，也是思维产生的基础，但语言也只是扮演着载体和工具的角色，对于群体的思维内容、思维动因以及全部的思维模式不能起到决定性的作用。语言学家奈达说："的确，一种语言的特定结构（语音、词位、句法以及话语模式）可以在一定程度上反映人们的思维方式，形成'思维的轨迹'，却不能决定人们必须想什么、怎样想。"

语言使用者所处的文化环境才是决定人们思维内容、思维动因与思维模式的重要因素，人类在出生之后，经过后天的学习和所处文化环境的长期熏陶，所形成的思想观念、思维模式等与所处的文化环境息息相关，并且对于文化相对应的风俗习惯、道德准则等也是自然而然地掌握的。

文化的根本作用是对人进行教育和熏陶，促进人们与他人和睦相处，以实现社会稳定发展。此外，文化还对人们起到娱乐作用，可以给人们带来很多乐趣。例如，传统的节日不仅可以让人们了解文化传统，培育民族自豪感和爱国思想，增强凝聚力，还可以使人们尽享节日活动带来的各种乐趣。戏剧、影视则是另一个极为典型的例子。

跨文化交际背景下的对比语言学研究

二、语言代码与文化的关系

语言是文化的载体，不同的语言所反映出的文化内涵是不同的。在这一过程中，经过不断的探索发现，即使是不同的文化或是民族之间也存在着一定的共性。例如，不同的民族之间在思维方式上无论具有怎样的差异，在思维的逻辑上都存在着一定的相似性。就这类相同或相似部分的跨文化交际而言，其障碍或困难是很少的。不同民族之间的交际存在障碍的主要原因在于文化的巨大差异，进而导致思维方式和语言的表达产生了很大区别。这里有两个方面的含义：一方面指对于相同的指向而采取大不相同的隐喻，这容易在不同文化之间产生误解；另一方面指不同的文化所指向的内容完全不同，或是在某一文化领域存在缺失，表现为一种文化所包含的内容在另一种文化中完全没有涉及。这种文化的缺失已经成为当前语言研究领域的难题之一，也是不同地域或民族之间在交际过程中最大的障碍。

所谓语言代码，简称语码，是指那些指代具有相同所指的不同隐喻以及概念缺位的文化内涵的语言符号，就是所指意义已远远超出或迥异于字面意义的语言符号。也就是说，语言代码就是用来传递特定文化内涵的语言符号。美国学者莉奈尔·戴维斯说："人们在交际过程中，想要让人们理解他们所表达的意思。但难点在于，交际中人们的行为与反应大部分来源于自身的主观文化。这是浸没于意识之海下方的文化冰山的一部分。"

在前面的章节里，文化被定义为意义的系统。当人们共享某种文化时，他们也就在共享意义；而当他们彼此进行交际时，他们就是在交换意义。这些概念故意弄得很抽象，以便把大家的注意力引向这样一个事实，即文化所涉及的意蕴要远远超越人们说话写字时所用的词语的含义。

"人们十分关注跨文化交际中的那些基本语码，这是由于这些语码在交际中所起到的不可或缺的作用。人们关注语码也是因为它们是客观文化的一部分。全世界的人是采用不同的语码言谈和书写的，人们对此欣然理解。人们有时意识不到：交际远不止把信息从一种基本语码翻译成另一种。"

从以上莉奈尔·戴维斯的观点中我们可以看出，语言不仅具有直接的表层含义或是引申的含义，还反映着文化所特有的内涵，蕴含着只有语言使用者本族人才能理解的含义，也就是我们上面所提到的隐喻。

从下面这个例子可以看出，即使是学习过汉语的留学生，他们仍然不能理解一些汉语对话的意思。

甲：什么时候吃你的喜糖啊？

乙：八字还没一撇呢！

甲：那我来做你的月下老吧！

为什么留学生不能理解上面这段对话呢？当然是因为他们还没有把中国文化真正学到家。具体说来，就是因为这儿的"吃喜糖"已经不是简单的"吃糖"，或许留学生把"喜糖"误认为是某种品牌的糖果而不清楚它隐喻中国人的终身大事；就算是他们懂得第二句的字面意思是说"八"这个字一"撇"也还未写，但限于他们对于中文的理解程度，一定不会意识到这句话还有另一层含义，即指的是一件事情还没有开始或是没有着落；这样，他们就更不会懂得第三句话中的"月下老（人）"实际上是什么意思了。在这三句话中，每句话都有另外的引申含义，三句话中如果有一句没有理解或是仅理解表面含义，那么当三句话叠加在一起时，就使人更加难以理解了。正是因为这些词句里蕴含了中国文化中所特有的、从词语表层往往难以识别的特殊信息，这便会使得不熟悉中国传统文化的人没有办法理解中国语言的意思。这里的"吃喜糖""八字还没有一撇"以及"月下老"就是典型的汉语语码。

再如，我们都知道，篮球、棒球、橄榄球在美国是十分盛行的，受到了广大美国人的追捧。这样一来，就催生了美国所特有的"球文化"，并且在其语言中得到了充分的反映。请看下面这些词语中的隐喻：

Dropped the ball：failed to do what is needed to be done.

On the ball：alert, active, and smart.

Drop back and punt：give up the present strategy and try something else.

To play ball：to go along with.

To throw a curve：to do something unexpected.

To score points：to make a favorable impression on someone.

To hold the line：to be firm, to be uncompromising.

To play hard ball：to be lough and unscrupulous.

To cover the basis：to take everything into consideration.

Can't get to first base：unable to complete the first step toward a goal.

To strike out：to fail.

以上这些都是与球类比赛相关的体育用语，如今在人们的日常生活中得到了广泛的应用，其表达的含义与"球"并不相关。这样，不懂得美国"球文化"的人，就不能理解为什么美国人在说话时运用的词汇或是语句与"球"有关，更不能理解其中的隐喻。因此，当他们在经济生活或日常生活中听到上述表面上与球有关的用语时，必然会不知所云。

这种隐喻在各类习语中也大量存在。例如：四川方言中的"雄起"，原本指性器官的勃起，但大量用来指振作起来去夺取胜利；汉语俚语中的"破鞋"被用于称呼女人时，已不是字面含义，而是"放荡女人"之义；汉语俗语"癞蛤蟆想吃天鹅肉"绝不是其字面含义，而是指异想天开，空想一些难以实现的事；汉语谚语"树欲静而风不止"是指客观规律、自然法则不以人们的主观意愿为转移的道理；汉语歇后语"骑着毛驴看唱本——走着瞧"指的也不是骑着毛驴边走边瞧，指的却是以后的日子谁更倒霉还不一定呢。汉语俗语"来而不往非礼也"来自《礼记·曲礼上》："往而不来，非礼也；来而不往，亦非礼也。"其原本是指社交礼仪，即"交往应该是对等交互、相互往来的：当别人前来拜访后，理应登门回访，否则为不敬或无礼"；但如今却经常用来表达"既然受到攻击、伤害或挑战，就要给予还击或应战"。这些都是汉语语码，那些不熟悉汉语文化的人是无法理解其中真正的含义的。

不仅汉语中存在这样的情况，英语中也同样存在，例如，英语"Let the cat out of the bag."的意思不是"让猫从包里出去"，而是指"泄露天机或秘密"的意思。仅从表面上看，中国人是不能体会到其中的隐喻的。由此可以看出，英文中的这些英语语码，中国人在不熟悉英语文化的前提下，同样不能理解其中的真实含义。

三、行为代码与文化的关系

（一）行为代码的概念及其分类

行为代码指的是在人们彼此之间的非语言交际过程中使用的如肢体语言、标识等非语言符号。不同民族和文化环境下所产生的行为代码有着很大的差异：可能是不同的行为代码表达着相同的含义，也可能是相同的代码表达着不同的含义，还可能是特定群体或民族所特有的行为代码。但实际上，任何一种行为代码，都是特定文化的产物，这才使得它们所表达的含义有所不同。换句话说，行为代码也是文化的载体，在群体中形成的行为代码以及代码所蕴含的意义，与人类所处的文化环境息息相关。这些行为代码是该文化的所有成员约定俗成、共同信守的非语言符号体系。

正如萨莫瓦所说："语言交际与非语言交际之间最为明显的相似之处是，两者都采用在文化方面达成一致的一整套符号。"而两者间的一个重大差异是，语言交际在不同民族之间因语言不同而迥异，而非语言交际虽然也存在如前面所提及的较大差异，却又有较多共性。"非语言交际要比语言交际更具有普遍性",也就是说,许多非语言交际符号在许多不同的文化或民族之间具有共通性,如大多数民族的微笑、挥手、蹙眉、大笑、哭泣都蕴含或表达类似的意义。

国内一些学者认为,行为代码可以分为四类,即体态语、副语言、客体语、环境语。萨莫瓦认为行为代码应该分为体态语和环境语两类,体态语中包含着副语言和客体语。从交际过程中的信息传递的媒介上看,这些都属于非语言交际的范畴。

(二)行为代码的特性

以体态语为主的各类行为代码作为非语言交际手段,具有如下四个特性:

1. 即时性

行为代码是人类依据信息的传递和情感的交流自然发出的。在仅运用非语言的交际过程中,行为代码并不是事先准备好的,而是一种"即兴语言"。在交际过程中,它可以独立地发生或运用,也可作为非语言交际的形式,伴随作为语言交际的言语过程(主要指口语)本能地加以运用,对之起补充或强调的作用。

2. 真实性

行为代码是动物的本能反应,是一种在不经意间自然而然发生的行为,其表现是可靠的,也是真实的,它能将人们心中的情感、意图真实地反映出来。例如,当人们感到羞愧或是尴尬时,往往会表现为脸色通红;当人们感到悲伤或痛苦时,往往会表现为哭泣;当人们收到喜讯时,往往会表现为大笑。在这些情境中,人们对于内心的感受无法掩盖,都会做出如上表现的本能反应。再如,当我们突然遇到极其恐怖的事物时,我们会控制不住地大声惊叫,若想通过不发出叫声来掩盖内心的恐惧几乎是不可能的,除非是事先预知或曾经接受过特殊训练。行为代码不像口语尤其是书面语常常是经过思索(包括略加思索和快速思索)甚至是仔细周密的思考才说出口或写出来的,因而易于用以掩饰或隐瞒人们的真实意图或内心情感。

3. 生物性

行为代码具有很强的生物性,意思是,行为代码是动物或人类的生理本能,是自发产生的行为,也是难以伪装和控制的。特工或是演员等经过专业训练的特殊工作人员,或许能够做到控制自己的情绪与表情;但一般人如果想掩盖自己的真实情感,做出虚假的诸如微笑或悲伤之类的表情,则往往会适得其反,暴露出矫揉造作、极不自然的痕迹,从而露出马脚,让人一眼看穿。

4. 情绪性

以上三种特征使得行为代码具有更强的情绪性,其表现载体往往是肢体上的动作和丰富的表情,同时还能够借助一些拟声词或是副语言表现出来。由此可以强烈地表达出人的各种情感,这在效果上远远强于书面语和口语。

(三)行为代码的功能

以体态语为主要形式的行为代码具有以下四种功能。

1. 补充

行为代码对语言行为有一定的修饰和描述作用,同时能够使情感和语义两个方面得到信息的补充。其主要通过以下三种形式得以体现:

(1)重复

这种形式即通过各类行为代码来重复语言交际信息,进而使语言所表达的意思更加清晰。例如,当有人向我们问路时,我们的回答方式往往是在用言语表述位置的基础上,再伸出手为问路人指出他应当去的方向。这种在自身表达和与他人交际的过程中通过增加一种新的交流形式来重复与语言表达意义相同的信息的方式,能够使信息的传递更加明了。

(2)添加

这种形式即通过各类行为代码来增添新的信息。例如,当某人向别人传递胜利的好消息时,这个人往往是在言语表达的同时,使用两根手指做出"V"字形并脸露得意的表情或与取得成功的人物进行握手、拥抱等,或是在言语表达过后,开怀大笑,欢呼雀跃。这些言语表达之外所增加的信息往往是在表达胜利的喜悦,对曾经支持或是帮助自己的人的感激之情,甚至是对竞争对手失败的讽刺与嘲笑。

(3)否定

这种形式即通过各类行为代码来补充否定的信息,即否定言语交际的内容,以示所言不实。例如,当有人向你询问一个人或是一个物品的位置时,由于一些原因你不能告诉他真相,这时你会在进行言语答复的同时伸出手而指向另一个方位。

2. 调节

各类行为代码也常用来调节人们之间的语言交际进程。例如,人们常常用手势、表情、头部动作甚至沉默发出暗示,表示起始、终止、加速、减缓、暂停或继续语言交际活动的意图或愿望。相互配合的交际双方也自然会对彼此的暗示做出适当而及时的回应，从而使语言交际能按双方的意愿进行。

3. 替代

在很多时候，人们对于自身情感的表达，往往会运用行为代码来代替语言。例如，当有人问你假期去不去旅游的时候，你往往会通过点头或是摇头来表示同意或不同意。

4. 强调

各类行为代码可对语言交际的内容（包括语义和情感）起到强调、突出的作用。例如，当人们表示自己的决心时，通常会握紧拳头在胸前挥舞，以让他人相信自己能够完成。

（四）中西方各类行为代码的概念及其异同

1. 体态语

体态语指的是"传递交际信息的表情和动作"，是一种在与他人的交际过程中运用的非语言交际符号，如手势、表情、触摸等。体态语也有它要表达的语义，同时是一种非常重要的非语言交际手段，只是传递信息的过程不是通过词语来完成的，这样看来，体态语应当归属于非语言交际范围。

中西方的体态语一方面因中西方文化传统的迥异而有极大的差异；另一方面又因为在整个人类社会的发展过程中存在着某些共性而导致中西方民族在某些方面拥有相同的认知，从而产生了一些共同点。

（1）中西方体态语的共性

体态语的运用在中西方存在着很多相似或是相同之处，并且随着时间的推移，这样的共性也在不断地增多。出现这种现象，一方面在于中西方在长期发展的过程中产生了一定的共识；另一方面是全球一体化的趋势，使得不同国家之间的联系逐渐加强，随之各国文化的融合程度也变得更为紧密。

例如，当人们见面或是分别时，中西方都会以握手和挥手的方式致意，如果见面的人头上戴有帽子，通常都是摘下帽子低头甚至弯腰致意；当人们借助动作对他人的想法或是建议表态时，无论是在中国还是在西方国家，大部分人会用"点头"来表示肯定的意思，用"摇头"来表示否定的意思（但阿拉伯人则是用"点头"来表示否定，用"摇头"来表示肯定）；在对他人表示钦佩或赞赏时，习惯上都是握拳并伸出大拇指，而表示轻蔑或不屑时又都是伸出小指；给问路者指示行走路线时也都是伸出食指指点方向；要求别人动动脑筋或机敏一点时，都是用食指点点自己的太阳穴；要求他人保持安静不作声时，都是双唇闭拢，将食指竖直贴着双唇中部，同时发出嘘嘘声；表示高兴或激动时，都是双手握拳向上举起，前后频频用力摇动；都是皱眉表示不高兴，耸耸鼻子表示不喜欢、讨厌或不快；都是挥拳表示决心或信心；惭愧或做了亏心事时都是脸红并伴有低头不语，害羞或极不自在时都是双臂伸直、向下交叉、两掌反握，同时将脸转向一侧；都是咬牙表示生气、愤怒或下定决心，噘嘴表示不痛快、情绪不佳；生气至极时都是两手臂在身体两侧张开，双手握拳，怒目而视，有时则拍桌打掌、高声叫骂，兴高采烈时都是欢呼雀跃；等等。

（2）中西方体态语的差异

①相同的体态语所表达的含义不同。例如，中国人用大拇指和食指表示"八"，但在西方国家，伸出这两个手指则表示"二"。中国人用食指和中指表示"二"，而在西方国家，这一手势则表示胜利的意思。频频左右摇头在中西方都可表示"难以理解、不可理喻"，但西方人还可用以表示"怜悯、同情"。成年同性之间勾肩搭背在中国人看来是相互亲近、友好的表示，但在英美国家，这往往是同性恋者之间常有的行为举止；另外，成年异性之间的勾肩搭背在西方国家是很平常的一件事，只是表示彼此间的亲密无间而已，但在中国则只有在夫妻、恋人之间方可做出这类举动，而且这类动作在过去很少当众发生。

邓炎昌、刘润清曾经做过如下的表（表2-2-1），清楚地表明了其他常见的中西方体态语的基本差异。

表 2-2-1　中美动作一样、意义不同的身势语

身势语	汉语意义	英语意思
跺脚	气愤；恼怒；灰心；悔恨	不耐烦
观众和听众鼓掌，表演者或讲话人也鼓掌	谢谢；互相表示友好感情	其中为自己鼓掌被认为是不谦虚
目不转睛地看	好奇；有时是惊讶	不礼貌；使人发窘；不自在
发"嘘"声	反对；责骂；轰赶	要求安静
拍别人的脑袋	疼爱（少见；多见于成人对孩子；对成年或青年，会引起反感，是侮辱人的动作）	安慰；鼓励；钟爱

②不同的体态语所表达的含义相同。很多时候，中西方所使用的不同体态语所表达的意思是相同的。例如，当表示"不可以"时，中国人常常通过食指向上并左右摇晃来表示，而在西方，则是将手掌掌心向外，两只手臂在胸前交

叉，然后再张开至相距一米左右。其他的几种常见体态语还以邓炎昌、刘润清的表（表 2-2-2）为例。

表 2-2-2 中美动作不同、意义相同的身势语

意义	中国的身势语	美国的身势语
"过来"（叫别人过来）	把手伸向被叫人，手心向下，几个手指同时弯曲几次	把手伸向被叫人，手心向上，握拳用食指前后摆动（中国人对此反感）
"丢人""没羞"（半开玩笑）	伸出食指。用指尖在自己的脸上划几下，像瘙痒，不过手指是直的	伸出两只手的食指。手心向下，用一个食指擦另一个食指的背面
"我吃饱了"（吃饭后）	一只手或两只手轻轻拍拍自己的肚子	一只手放在自己的喉头，手指伸开，手心向下（常同时说"到这儿了"）

③各自特有的体态语。中西方都有着属于自己国家的独特的体态语。例如，西方人在表示"结账"时，往往是做出右手拇指、食指和中指在空中捏在一起的动作；表示"结束"时，往往是将两臂在腰部交叉，然后再向下朝身体两侧伸出。而中国人用拳捶打胸部往往表示哀伤和悔恨；在表示对一件事情的无奈时，往往会做出连续摇头，并伴随着叹气的动作。但西方国家的人们对于这一情感的表达，往往是在摇头的同时，伴有双手向外摊开或是耸肩的动作。特别值得一提的是，"耸肩"或"耸肩加摊手/撇嘴"是西方人特别是英美人所特有的动作，其含义是很丰富的，可以表示"不知道""不相信""没办法""不可理喻""相当意外""很遗憾""无法理解"等。

其他表达方式仍用邓炎昌、刘润清的表（表 2-2-3 和表 2-2-4）来说明。

表 2-2-3 美国人特有的身势语

身势语	在美国的意义
咂指甲	重大思想负担；担心；不知所措
用大拇指顶着鼻尖，其他四指弯着一起动	挑战；蔑视
摇动食指（食指向上伸出，其他四指收拢）	警告别人不要做某事，表示对方在做错事
把胳膊放在胸前，握紧拳头，拇指向下，向下摆动几次	反对某一建议、设想；反对某人；表示强烈反对
眨眼（很快地合上一只眼，微微一笑点点头）	表示会意、赞许、鼓励；传递信息；表示团结等

表 2-2-4　中国人特有的身势语

身势语	在中国的意思
用食指点点或指指自己的鼻子	"是我""是我干的"（西方人认为这个手势有点可笑）
说话时用一只张开的手捂着嘴	说秘密话（有时没有明显的意义）
两只手递（即使可以用一只手拿的）东西给客人或别人	尊敬
别人为自己倒茶或斟酒时，张开一只手或两只手，放在杯子旁边	表示感谢
伸出两个竖起的食指在身前慢慢接近（往往在戏曲中出现）	男女相爱；匹配良缘

2. 副语言

副语言指的是"伴随话语而发出的无固定语义的声音"，它"涉及的是言语的语言学要素——不是指言语的实际意义，而是着眼于某些信息的传递表达方式"。另外，默认也是副语言的一种。在与他人进行交际时，人们经常发出的非词语性的声音，包括沉默都是传递信息及表达情感的方式。上述所说的"无固定语义"的意思是这样的声音的发出或是无声的表现，不是有明确固定意义的词语的直接发声，却能够向人们传递其隐含的信息，同时在不同的场合，其蕴含的意思也会随着发生改变，此时常伴有音调、音量、语速、音长等的些许变化。例如，一声"哎呀！"，可以是表示不耐烦的抱怨，可以是表示吃惊或恐惧的惊叫，可以是表示痛苦、疼痛的哀号，也可以是表示惋惜或懊悔的叹息；当然它在表达这些不同的信息或情感时，在音速快慢、音量大小、音节长短、音调高低等方面都是有差别的。因此，副语言可以定义为"借助无特定语义的声音或沉默表达特定信息的类语言"。

将其定义为"副语言"的原因在于这样的声音与语言诞生之前，人们用于传递信息所发出的声音有一定的相似性，也可以将其称为准语言，这类语言是真正的语言形成之前的过渡语言，是一种不完善的语言；而今，在人类已拥有了相当完善的语言体系之后，这些"类语言"却依旧保留下来，演变为起辅助作用的"伴随语言"。

萨莫瓦等人认为副语言包括定性音、定量音、分隔音三类。这样的分类方式很明显是从发声学的角度出发，依据发声的目的和特点来进行分类的。"定性音"指的是依据这类声音的定性特征划分的极具特点的声音，如笑声、喊声、哭声、呻吟声、打嗝声、呜咽声、打哈欠声、喷嚏声、叹息声、咳嗽声、吞咽声、呼噜声等。可以看出，不同的声音能够表达出人们不同的感受或情绪。"定量音"指的是对声音的修饰，是声音的量化特征，包括音量、音律、音高、音长、音调、音速、共鸣等。与定性音一样，定量音的变化同样能够反映出人们的不同情感或感受。"分隔音"指的是起分隔意群、话轮转换、间歇停顿、中断话语等作用的无语义声音。分隔音的使用也会反映人们情绪或思维的变化。

沉默是与副语言相关的一个常见现象。在人与人的交际过程中，会运用到沉默的方式，这样传递信息的方式有时是自觉的，有时是不自觉的。对于中西方来说，沉默所表达的含义差异并不是很大，"既可表示无言的赞许，也可以是无声的抗议；既可以是欣然默认，也可以是保留己见；既可以是附和众议的表示，也可以是决心已定的标志"。中西方在沉默问题上的差异体现在其运用的频率上。亚洲地区的人在交际过程中经常使用沉默的表达方式。这主要是由于中国人以及东亚人极富间接性、迂回性的螺旋型思维，以至于他们在交往中喜含蓄、委婉。西方人不能理解这样的表达情感和传递信息的方式，但在东亚地区，这样的表达方式是一种"高语言境界"的体验。而在西方国家，他们直截了当的直线型思维模式决定了他们在交际过程中更趋向于开门见山的表达方式，而沉默的表达方式在日常生活中是很忌讳的，也是不经常使用的。鉴于此，著名的学者霍尔将大多数西方国家或民族划入"低语境文化"，而把大多数东方国家或民族归为"高语境文化"。

沉默又总是与话轮转换密切相关的。在实际的语言交际过程中，交际双方中任何一方都难以长时间地、不间断地说话，即便是一个人讲，另一个人听，讲话人也需要间歇性的停顿；更何况一般情况下，语言的交际是需要双方共同参与的。由此看来，非语言的声音和沉默便是话轮转换的有效标志。因此，非语言的声音和沉默往往具有以下四种作用：①话轮请求提示，即听话人通过直接插话的方式或采用缓冲词、强调词向讲话人示意自己有话要讲；②话轮维持提示，即讲话人通过采用加强音量或加快语速等方法来抑制听话方的发言要求以维持自己的话轮；③话轮回归提示，即接到讲话人发出的话轮放弃信号以后，听话人用分隔音示意自己不想讲话，希望继续听下去；④话轮放弃提示，即讲话人在讲话结束时，用沉默或通过音调、音速、音高等的变化，向对方示意自己话已讲完，对方可以说话了。

3. 客体语

"客体语"指的是"包括物质的一切有意或无意的展示"，但一般是指"人工用品，包括服装、衣饰、化妆品、修饰物、家具物品等"。可以看出，这些物品并不是语言，但是，"从与他人交际的角度看，这些物品都在传递着一些信息，可以将人们的个性与文化特征从使用的物品上进行体现，这些个人的用品可以说是非语言交际的重要媒介之一"。简单来说，客体语指的是与人们紧密相关的人身外观及身边物品所蕴含的交际信息。这里所提到的"身边物品"包括家庭中的家电、家具以及人们使用的手机、汽车或是住房等，但是那些与人体联系最紧密的自身外观要素是最直接、最普通的客体语。例如：

人体的服饰：服饰在客体语中所具有的文化内涵最为强烈。在交际过程中，服饰不仅能够起到一定的美化作用，还能够表现交际意图，展现自身的内心情感或是本民族的文化传统，进一步达到交际的目的。不同民族的服饰能够展现不同的民族文化特征和传统，但在穿着服饰的原则上有一定的相似之处：欢乐、喜庆的场合，着装宜艳丽，体现欢快、热烈气氛和优雅的风度；正式、庄重的场合，着装一定要中规中矩、严肃得体，体现自信、庄重、高贵的气质；休闲、娱乐的场合，着装宜随意、淡雅，体现轻松、悠闲、豁达的风格。中西方在不同场合的着装方面存在着很大的差异。例如，在结婚时，中国的新娘往往穿着中式的红色旗袍，并佩戴红色的花来凸显喜庆，在西方国家，新娘往往穿着西式白色婚纱，并佩戴白色花环，但在中国往往是在参加葬礼时才会佩戴白色的花。此外，东方人的着装取向往往是年轻人穿着鲜艳靓丽，老年人的衣着颜色朴素淡雅。而西方恰好相反：年轻人喜穿深色简约的服装，因为年轻人有姣好的容貌和健美的体形，青年人的朝气并不因服饰的暗淡而减少，深色服装穿在年轻人身上只会增添成熟和老练的气度；而老年人却因发色、颜面、体形等不可抗拒的变化，需要用色彩明快的服装来修饰。

4. 环境语

"环境语"指的是与人际交往有关的符号、颜色、标识以及时间观念等，关注点在于人为制造的文化环境（而非自然环境或地理环境）对跨文化交际的影响。由于地域、民族及文化的不同，环境语言也存在着一定的差异性，同时环境语承载着不同的文化内涵。

就符号、标识而论，中西方有所不同。符号或标识指的是"书写或印刷出来的代表有声语言和书写语言的一种非语言图形标志，是一种约定俗成的非语言交际工具"。一般情况下，印刷在图纸、书籍、报刊、设备等上面的图形就是符号，如包装箱上的搬运警示符号、天气气象符号、各类设备操作说明书中的符号等。另外，旗语、灯语和手语等也是符号的一种。而单独制作在各类标志牌、印刷品上并放置在公共场所起提示、警告、宣传作用的图形称为标识，如洗手间门上的男人或女人图形、粘贴在公共场所墙上的禁止吸烟标识等。醒目与简明是符号与标识最大的特征。随着全球化趋势的发展，不同国家之间存在的差异逐渐变小。原因表现在两个方面：一方面在于，大部分符号和标识与新生事物联系密切，如与机器或电器的操作使用相关的标识或符号等，这样，发展中国家在不断地引进国外先进的技术设备的同时也将其符号或标识一同引进。另一方面在于，全球一体化的趋势以及各国之间彼此交往的需要迫切要求统一符号体系，以便有效地克服语言障碍，况且有许多符号或标识也是国际社会所公认的或共同制定的。因此可以说，各国与其他国家不同的符号标识体系正在走向消亡，换句话说，符号和标识在当今世界已经很难找到彼此迥异的文化内涵了。

就"交际时间观"而论，中西方也有所不同，主要表现在时间的价值观和交际的守时性两个方面。一般情况下，在西方人的观念中，"时间就是金钱"，因此他们对于时间的规划与利用极为重视，做事时喜欢直接进入主题，并注重工作的效率，不愿意将时间过多地浪费在形式化的事情上，在与他人交际的过程中，也是喜欢直来直往，并且是非常守时的。而中国人则非常重视礼仪和形式，并且愿意在这些方面花费时间，在交际过程中语言表达间接含蓄，与西方人相比，在时间利用上是存在很大差距的。

第三章 对比语言学的本体论与方法论

研究对比语言学的本体论与方法论，目的在于在对语言对比的研究中进行哲学思考。对比语言学的本体论主要包括语言的哲学基础、语言观、学科性质与地位等问题；而方法论则重在研究对比的原则、出发点、对比方法论与方向等。本章将从宏观的角度，对本体论和方法论进行理论探索。

第一节 对比语言学的本体论

一、对比语言学的基础论

对比语言学的创始人是19世纪的洪堡特和20世纪的叶斯柏森以及沃尔夫等人。在对语言学的哲学基础进行讨论时，我们本能地要重点关注这些人的语言观点，因为他们的语言观点代表了对比语言学者的普遍观点。但如今，我们则认为对比语言学与普通语言学就是同一个哲学概念，这就需要证明洪堡特等人的语言观与整个理论语言学的哲学基础是相同的。因此，我们需要从更为宽广的角度对这个问题进行探讨与研究，也就是从形形色色的语言观谈起。

（一）形形色色的语言观

在《语言的定义》一文中，我们搜集了自洪堡特以来160余年间关于语言的68种定义，发现对于"什么是语言"这个问题的争论之大远远超出人们的想象。其中有的观点更是针尖对麦芒，可以说是势不两立的。略举数例如下：

语言是本能还是非本能？生成语言学派的乔姆斯基等人强调语言是本能，强调语言能力的先天性；而人类学语言学家萨丕尔则强调语言不是人的本能，是人类后天习得的，而非先天就有的能力。

语言是工具还是方式？社会语言学或交际语言学派往往强调语言是工具，

这一观点源自法国启蒙思想家卢梭,在法国的影响特别大,其后苏联的列宁和斯大林均强调这一点。20世纪50年代以后该观点在中国具有重大的甚至决定性的影响。文化学派的语言学家往往强调语言是人类活动的方式,如萨丕尔、马林诺斯基、叶斯柏森、克拉克洪、刘易斯等。

语言是不是文化的组成部分?品克强调语言不是文化的产物,这显然是为了便于将语言提炼出来进行"纯净"的研究;惠特尼强调语言是文化的组成部分,这是人类学家的观点;而沃尔夫更强调语言的形式范畴都由其文化规定,更是为了人类学语言学的研究。

语言到底有哪些功能?各家定义中提到的有认识功能、情感表达功能、信息功能、思维功能、交际功能、指示功能等,不一而足。那么,语言究竟是这些功能中的一个呢,还是这些功能中的某几项的排列组合呢?还有人说,一个交际功能就可以涵盖所有这些功能,是真的这样吗?

语言的范围,是只指口语(这是20世纪初以来占压倒优势的看法),还是包含了书面语?还是进一步包括了手势语?如果肢体语言也可以算"语言",能不能进一步拓展到舞蹈语言,以至音乐语言、电影语言,还有数学语言、计算机语言、动物语言、植物语言等?这里面有的是外延问题,但也有内涵问题。问题还在于哪里是外延和内涵的界线。

语言是不是一个自足"系统"?在索绪尔之前很少有人谈语言是个系统,索绪尔之后几乎人必称系统,这是为什么?对"系统"说有保留的,有功能派如马丁内、文化派如申小龙、方式派如叶斯柏森,甚至包括生成语言学派如弗罗姆金,这是怎么回事?

语言是动态还是静态的?索绪尔之前,无论是哲学语言学家洪堡特,还是进化论语言学家施莱赫尔,都主张动态,索绪尔之后的生成语言学派以"生成"为标榜,当然也主张动态,而索绪尔的"共时语言学"实质上却是主张静态的研究。问题在于语言究竟应该以动态的还是静态的方法去研究。

此外还有"约定俗成""音义结合的任意性"等,都充满着尖锐的矛盾与对立。读者如果熟悉当代西方的认知语言学,对此当有更清晰的了解。

各种各样的语言观给人复杂且眼花缭乱的感觉,因此也很少有人会对语言观进行细致的分类。我们经过长时间的梳理和对比,认为上述的这些语言观点从本质上看,可以大致归纳为四种语言观:交际工具观、文化语言观、自足系统观和天赋能力观。这种语言观认为,语言是一种民族世界观或一种文化观,代表人物主要有乔姆斯基、索绪尔和洪堡特等人。除这种分类方法外,还存在着许多不同的观点,但其他各式观点都可以归纳到这四种观点之中。

从更宏观的视角看，我们还把这四种观点与地球进化所经历的三个世界和人类所从事研究的三大学科门类相联系。

人类迄今从事的所有科学研究都可以归纳进三个大门类：自然科学，关于自然或带有自然性质的科学；社会科学，关于社会或带有社会性质的科学；人文科学，关于人类自身的科学。这个分类是有其合理性的，因为它们分别针对不同的对象，不但从"共时"的角度去看是如此，从"历时"角度去看也是如此，这三个门类研究的其实是前后相承的三个"世界"：天地之始，宇宙初辟，在第一个细胞诞生之前，地球遍布植物与裸露的矿物，即自然世界；之后经过进化和优胜劣汰，出现了各种适应地球环境的生物，生物之间为了生存必然要组成群落，而有了群落就必然需要相互交流，因此就出现了第二世界——社会世界；动物进化到人，出现了人类世界，其与第二世界的区别在于人类有语言和思想。所有的学科都可以归纳进三大门类里，当然学科间可能会有交叉，有的还可能兼属于三个门类，但不管怎样，它首先有个基本的归属，而这个基本归属必然是所研究对象的本质所在。给语言定性的关键就在于，对于语言这么一个复杂的现象，究竟应该从哪类学科的角度来给它做基本的定性，是关注于语言的自然属性、社会属性呢，还是人类本身的属性呢？这是必须解决的首要关键问题，也是在语言定义上产生各种分歧的根源。

语言是自然属性、人文属性与社会属性的综合，因此，着眼于哪个属性就成为各种语言观的分野所在。自足系统观着眼于语言的自然属性，因而在语言最具自然科学属性的部门，如语音学方面做得最有声有色，在结构性较强的语法特别是形态学方面也颇有建树，而在"系统"性不那么强的词汇、语义、语用等方面的成就就比较有限；交际系统观着眼于语言的社会属性，在语言的语境因素、语用功能和交际功能中有着重要的作用，语音研究也因为交际派提出的音位学而变得更实用，但因对语言的结构本体关注不够而往往被前者"边缘化"；天赋能力观和语言世界观都着眼于语言的人类属性，都是第三个世界的产物，但两者的侧重点不同，前者重视的是人类的自然属性，因而主张用自然科学的方法去研究语言，认为这才是使语言研究科学化的唯一途径，而后者重视的是人类的文化属性，坚持语言学属于人文科学，必须用人文科学的方法，即联系民族的历史、文化等因素去研究语言。这两派的代表人物分别是乔姆斯基和洪堡特。许多人说乔姆斯基是洪堡特的重新发现者，但其实两人的语言观完全针锋相对。乔姆斯基强调语言研究中的自然科学方法，他说：这个世界有许多方面，有机械方面、化学方面、光学方面、电学方面等，其中还有精神方面。我们的观点是，所有这些方面应该用同一种方法去研究。不管我们考虑的是行星的运动、力的场、高分子的结构公式,还是语言能力的计算性特征,都一样。我们可以称之为"精神研究的自然主义方法",意思是我们希望用自然科学的理性探索特征来研究世界上所有精神方面的东西。

而洪堡特却强调语言中的民族精神,他说:语言的所有最为纤细的根基生长在民族精神力量之中;民族精神力量对语言的影响越恰当,语言的发展就越合乎规律,越丰富多彩。由于语言就其内在联系而言只不过是民族语言意识的产物,所以,我们如果不以民族精神力量为出发点,就根本无法彻底解答那些与富有内在生命力的语言构造有关的问题,以及语言的最重大差别由何产生的问题。

我们首先要在四大语言观中进行选择,因为只有先确立了语言观,解决了诸如此类的基础哲学问题,对比语言学的研究才有意义,这是研究的前提与基础。

(二)对比语言学的哲学基础

在这四种语言观中,中国的主流研究者选择了最后一种,即洪堡特的语言世界观。这一选择是在经过不断的研究和对比后确立的,主要基于几下几方面。

1. 基于"三个世界"的理论

自然科学、社会科学、人文科学,分别对应自然世界、社会世界、人文世界,这并不只是偶然的巧合,而可能含有某种必然的因素;"三个世界"在历史发展过程中的前后相承关系,是我们必须考虑的。就好像电脑的软硬件,后出的往往能"兼容"先出的那样,人类既具有社会世界的特性,也具有自然世界的特性,因此语言是社会属性、自然属性和人文属性的结合。问题在于确定哪一种属性是语言的本质属性。"三个世界"理论的关键就在于:①肯定语言为人所特有,语言现象属于人文现象,而不是,或不仅仅是自然现象或社会现象。把语言只当作自然现象或社会现象来分析,是一种简单化。②语言学与人类有着密切的关系,或者说是在其三种属性中,人文属性是本质,而自然属性和社会属性位于从属地位,因此对比语言学首先是一门人文学科。从人文学科的立场来看,我们只能接受洪堡特的观点而无法接受其他学者的观点。③社会是历史的,正因为如此,后起的事物必然比先起的事物更复杂,因而需要更复杂的理论。简单地用适合于先起的事物的方法来研究后起的事物,就会有流于简单化的弊病。这是我们不能接受乔姆斯基所说的"精神研究的自然主义方法"的原因。因为用自然科学的方法研究语言,虽然看起来好像很复杂,但本质上却将复杂的语言现象大大简化了。

2. 基于对四种语言观的客观分析

对四种语言观进行细致的分析可以发现，前三种其实都存在某种无法解决的困难。"系统"说的要害在于它没有抓住语言的本质。我们前面说"系统"说适用于第一世界——自然世界，是因为世上万事万物，大至宇宙天体，小至细胞微生物，乃至原子、中子、质子，无一不在系统之中，无一不本身又构成一"系统"。既然任何事物都可以通过"系统"来研究，可见系统性并非只有语言才有的特性，更不是语言的本质属性。至于把语言这个系统说成是"自足的""封闭的"，带来的问题就更多，当前学术界可以说已普遍否定了这一观点。语言系统既不是自足的，又不是封闭的，把语言当作自足的封闭的系统来研究，也许有一时的便利，却使语言研究远离了语言使用的母体——人及语言使用的环境——社会，结果成为实验室里供解剖用的标本。这是 20 世纪相当长一段时期的语言研究留给我们的教训。

同样，"交际性"也不是语言的本质。"交际"向来是第二世界——"社会世界"的特征，并不是人类所有的。在"社会世界"中，生物都有交际的需求，同时也会利用各种交际手段，如蜜蜂用舞蹈、猿猴用叫声、蝙蝠能发出超声波等。因而，这个定义没有反映人类的本质特点。用"交际工具"来定义语言，即使加上"符号体系"，仍然为"语言"范围的不断扩大打开了方便之门：计算机语言、数学语言、逻辑语言、音乐语言、舞蹈语言、动物语言等等，尽管凭人们的直觉，这些与我们心目中真正的"语言"不同，但在"交际工具＋符号体系"的定义下，却没有办法将它们拒之门外，这真可说是作法自毙，是其主张者没想到的。如果将这些"交际"手段一律当作"语言"来研究，那么就必然冲淡对人的语言的深入研究。至于这一语言观中的"工具"说所带来的问题就更严重。

虽然另外两种语言观都考虑到了人，但同样具有各自的缺陷。"本能"说强调人的语言的先天性，强调人类的生理和物理的构造，一句话，强调的是人身上的自然属性，这与强调人的历史文化属性的"世界观"说不同，后者才是人类世界所不同于前两个世界的本质属性。因而，"本能"说的要害在于：①自然属性并非人的本质属性，人之所以区别于动物并不是因为人在生理构造上与动物有什么本质的不同，而在于人有历史、文化和语言，文化和历史属性才是人的本质属性，也是语言的本质属性。②人拥有语言，既有先天因素也有后天因素，从语言的学习、运用、传承来说，后天因素可能更加重要。"本能"说将人的语言能力一切归于先天，必然会导致忽视人的后天因素，也就是忽视语言研究的更重要的方面。③强调自然属性必然会强调语言在生物学、脑生理学等方面的全人类共性，从而忽视各具体语言的个性。关于共性和个性的问题，后面还要讨论，这里暂且不提。

　　对于语言观问题的研究，往往无法避免语言起源的讨论。目前对于这一问题，人们也只能进行假设，但假设也要符合实际、接近事实。"系统"说和"本能"说其实都隐含了一个前提，那就是在人类诞生之前，语言便已经产生了。如果语言是完美的、系统的、先天的工具，那肯定是通过某种力量一股脑儿、一齐"安装"到人的大脑里的。所谓"一齐"，是指无一例外地、同时地安装到所有人的大脑里；所谓"一股脑儿"，是指无缺陷地、完整地安装到每个人的大脑里。人类语言能力产生的实际情况已无从得知，但是，即使发挥最丰富的想象力，也很难设想突然某一天不会说话的人类突然具备了语言的能力，而且彼此之间能进行有效的沟通。即便语言真是这样产生的，那对于语言的后天演变又该做何解释呢？比如，为什么起初共同的语言会发展成不同的语系？怎样解释人们在实际使用语言时所犯的各种不合语法或诸如此类的错误？难道真是上帝在人类建造巴比塔时对他们施了手脚？我们假设这也是真的，那人类语言的发展是不是只有分化一条途径，我们所看到的历史和现实中语言的融合只是假象？而一个完整的机制、自足的系统居然会不断分化，是不是语言的发展也就意味着语言的退化？人类使用语言的过程就是一个语言不断退化的过程？

　　比较起来，我们更愿意相信对比语言学另一位创始人叶斯柏森对语言起源的解释。在其《人类、民族与个人的语言学视角》一书中，叶斯柏森不同意语言是集体的创造这一观点，而认为语言是从个人开始的。一个人发出了某些声音，表达某种意思，对他个人的"方言"来说，这就是一个"词"。当然开始谁也不懂，但此人一再使用，就形成了其个人的"习惯"。慢慢地他周围的人从他使用的场景中悟出了他的意思，而且也通过模仿，学会了用同样的"词"来表达同样的意思。这样，由于交际的需要，这个"词"就会在他家庭和周围人的小圈子里流行开来，成为这一地域"方言"的组成部分。圈子越来越大，从村庄、乡镇、地区，一直到整个民族乃至全人类。语言就是这样产生的。

　　在不断的重复与模仿中，我们会发现，某些个别行为可以转化为一般习惯。因此，语言世界要经历三个主要过程：行为、习惯与习俗。一个民族的语言就是其成员习惯用来彼此交际的一套习俗。

　　叶斯柏森的看法当然只是一家之说，人们也许未必都同意。但我们应当承认，这种假设比上面一种假设较有解释力。比如说，它能解释语言的多样性，解释语言的个人风格、地域和社会方言、语言的民族性、语言的文化性、语言的变异、语言的习得和学习、语言的传播、流行语等"本能"说无法解释的难题，解释语言中不"规范"、不"合理"现象存在的合理性。例如，上海方言中的"不要太……"句式表示"非常"的意思（"不要太潇洒"="非常潇洒"，"不要太好"="非常好"），这于语义、语法上都无法找到理据，但就是能迅速地流行开来，成为前几年当地方言中的一个显著特色。又比如"OK"一词，虽然其起源还有待定论，却凭借其简单的拼写和多样的用法而流行于全世界，成为各个国家共用的词汇。由于对比语言学（以及普通语言学）的研究目标与语言的多样性、民族性、语言接触和语言类型等有关，因而，基于这一假设的语言观当然更适合作为对比研究的基础。

二、对比语言学的学科论

在历史进程中，很多发明来源于现实需要，这一规律对于学科建设同样适用。很多学科的诞生都来源于客观需求，并随着需求的不断变化而发展、成熟。因此，实际的客观需求或研究目标在学科的建设与发展中有着重要的作用，一方面，它决定了学科的本质；另一方面，它也决定了学科的研究范围，促进了对比语言学的学科发展。因此关于学科体系以及目标、范围的研究，是对比语言学理论建设中面临的第二大问题。

根据不同时期的发展特点和追求，我们将中外对比语言发展史分为若干阶段，这样便于我们通过历史，总结不同时期所表现出来的不一样的学术思想与追求，并充分吸收其中的研究经验和成果，以促进今天和未来的学科研究和发展。

（一）对比语言学目标、范围问题上的种种说法

在研究这个问题之前，我们先梳理一下前人在这方面的各种观点，或许可以从中受到有益的启发。

1. 对比语言学追求的目标

洪堡特是对比语言学的创始人，因此他第一个给对比语言学下了"定义"，这同样也是对比语言学研究面临的第一个目标。

对比语言学研究要想具有自己的目标与宗旨，成为一门独立学科，就必须不断地、深入地探讨语言，并进一步升华到民族与人类发展进步的主题上去。

同时，他还指出在研究中要重视对比语言与民族个性的关系。

根据上述方法进行对比语言学研究，要能厘清人类发明语言的各种方式，

并指出具体涉及人类知性世界的哪一部分。同时，还要指出不同的民族个性对于对比语言学研究的影响，以及对比语言学研究又是如何反过来作用于民族个性的。

而同样作为对比语言学先驱的叶斯柏森和沃尔夫，也相继提出了自己独具特色的研究构想：不能仅将来源于同一语系、同一起源、具有相同特征而通过不同方式形成的语言进行比较，对于风格迥异、起源不同的不同形态的语言也应该进行比较……这样可以帮助人们更加深刻地理解人类思维与人类语言之间最本质的特征。

对比语言学研究的目的就是指出不同语言在语法、逻辑和对经验的一般分析方面的区别。

从某种程度上说，他们提出的目标是一致的，都认为应该通过对比语言学的研究，实现对语言与人类、民族之间的关系以及语言本质问题的探索。这就是对比语言学研究第一个阶段的特点以及要实现的目标。

而对比语言学研究的第二个阶段的目标，拉多的观点已经表述得十分明确。

本书致力于开拓应用语言学和文化研究的新的领域。在这一领域中，可以将任意两种不同的文化和语言进行对比，以此来解决语言学习者在学习另一种新语言时遇到的问题。这一比较的结果在语言学习、教学实践以及教材编写中都有十分重要的意义。

由此可见，第二阶段的对比语言学的研究目标在于第二语言教学的应用。

对比语言学第三阶段的追求目标是在第二阶段目标的基础上不断扩大深化的。替詹姆斯的书作序的坎德林的观点可以清晰地说明第三阶段的追求目标。

对比分析所能提供的不仅仅是语言学习者的困难，除此之外，我们可以从上文的研究目标和詹姆斯曾发表的论文中发现，对比分析还在语言类型学、描写特定语言、翻译理论以及语言共性研究等领域做出了巨大的贡献。

切斯特曼则另辟蹊径，从另一个角度谈论了对比语言学，尤其是对比分析所能服务的四个方面：①跨文化行为范式研究；②翻译；③外语和二语教学；④培养对某种单语的语言意识。

切斯特曼的观点是在第二阶段基础上的延伸，但其中也有向第一阶段研究目标回归的意味。

中国对比语言学的研究历程与西方相似。其中第一和第三时期属于过渡时期，而其余第二、第四和第五时期分别对应西方研究过程中的三个阶段，并且研究目标与方法也类似。在第二个时期，中国学者们着重对语言本质或者"汉语特点"的本质进行了深入研究，胡以鲁的观点便极具代表性：

甚矣研究外国语而欲知其语言精神之难也。不知语言之精神，漫以他语族之法则作归纳之论断，无怪其不能知厥真相矣！不得吾国语之真相，语言分类亦殆无望。而其真相之解决，则支那语国民之责任，不能望于他族也。盖发达之途既异，研究之蹊径亦自宜独辟。借鉴他语族之法则作他山之石可也，欲据以为范律则蔽矣！

第四个时期的研究重点在于其在二语教学中的应用，王还的话已表达得十分清楚：这里所说的对比即英语的 contrastive analysis。这是一种共时研究法，只研究有关语言的现代形式，目的在于可用于语言教学翻译等实际问题的原理。我们做对比研究的目的就在于提高教学的预见性，从而解决学生母语的干扰问题。

当人们普遍陶醉在为教学服务的时候，赵世开却一针见血地提到了对比研究的实用与理论价值，前者主要包括"翻译工作""外语教学""社会历史和文化研究"以及"类型学研究"四个方面，在第五时期的研究中发挥了重要的作用；而后者是"通过两种语言结构的对比可以更好地认识语言的结构，进一步认识语言的本质"。

第五个时期的开始是以吕叔湘题词、刘宓庆著作的书籍的出版为标志的。第五个时期的研究目标较之前已经有了很大的不同，吕叔湘认为，"指明事物的异同所在不难，追究它们何以有此异同就不那么容易了，而这恰恰是对比研究的最终目的"。由此可见，吕叔湘已不再局限于对比研究的表面异同，而直达其深层根源。刘宓庆也说：

对比语言学的任务就是在语言共性的总体观照下，探索研究和阐明对比语言中的双语特征和特点，从此作为参照性依据，提高语言接触的深度、广度以及语际转换的效率和质量。

这一观点着重突出了要在对比中发掘所比语言的不同特点，对汉语研究有强烈的针对性。潘文国提出的三个层次和三个目标说便是一种严谨周密的理论，可概括为：

第一个层次是语音及语法表层上的对比，在于为语言初学者提供可靠简单的支撑。第二个层次是语言表达法的对比，这一层次适用于具备一定的外语水平，经常需要在两种语言间切换（如第二语言教学或翻译）的人，可以有效地帮助他们更规范、合理地使用语言。第三个层次是语言心理上的对比，这一层次更加深刻，试图推导出不同语言表达法背后所隐藏的心理以及文化背景，并通过哲学式的辩证与思考，最终建立中国的语言哲学。

有趣之处在于，无论是西方式的三期对比语言学研究，还是中国式的五期对比语言学研究,其最新发展都鲜明地体现出了两大特色:一是要继续前一个时期(西方之二期、中国之四期)的道路,不希望对之全盘否定;二是对早期(西方之一期、中国之二期)传统的回归。但问题是,怎样将这些目标统一在一个更合理而且更具说服力的理论体系里。

2. 对比语言学的范围与体系

随着研究目标的逐渐清晰,研究范围也在不断地扩大。有的学者建立了对比语言学研究的整体框架。

在研究的早期阶段,其理论和研究方法还不明确,因此早期的研究很少涉及研究范围的问题。洪堡特也只是简单谈到了两个大致的方向:一是对语言和本民族关系的研究;二是对语言本身组织的研究。通俗地来说,也可以称之为语言民族学和语言组织学。叶斯柏森提出了两种研究方法,即从外到内和从内到外,这两种方法分别对应现在所说的意念语法和结构语法。沃尔夫提出的范畴论就属于意念语法。

在对比语言学发展历程中,拉多是第一个建立对比语言学研究体系的人。他的"如何比较语音、语法、词汇、文字、文化"提出了第一个研究体系,他认为,对比语言学研究应该包括对比语音学、对比语法学、对比词汇学、对比文字学、对比文化学五个方面的内容。但总的来说,拉多的研究体系属于从形式到意识的对比或结构对比,这与沃尔夫的范畴论正好相反。

之后,菲齐亚克主张应该将应用对比语言学和理论对比语言学区分开来进行不同的研究;同时,詹姆斯也提出要将宏观对比语言学和微观对比语言学区分开来,他所说的宏观对比语言学主要包括篇章语言学和话语分析。1990年,菲齐亚克在《当前的对比语言学元理论和理论研究》一文中提出了一种更为庞大、复杂且完整的研究体系。之后的研究者们大多在某一领域,如对比篇章语言学、对比语言学等不断开拓,很难在整体上有较大突破,除非具有非常明显的个人特色,如克尔采斯佐斯基和切斯特曼,他们二人转变了传统的研究思路,从不同的出发点对研究体系做出了较深入的研究。菲齐亚克的研究观点还属于比较传统的形式,但到切斯特曼,他主要以语义为立场,而克尔采斯佐斯基更进一步,直接站到了所比语言的背后。

切斯特曼的研究体系主要从意义出发建立对比语言学,这是其体系的最重要的特点。这一体系主要分为三个层次:句子语义结构对比、宏观语义结构对比和交互语义结构对比。后两个层次与前人的对比篇章语言学和对比话语分析分别对应,但他仅将篇章限制在书面用语中,之后他又吸收了从未被主流对比语言学研究学者们采纳的、由卡普兰和孔纳等开创的"对比修辞学"。

中国早期的学者们并未建立具体的研究体系，因为他们将研究重点放在通过比较中外语言差异来寻求汉语的特点上，因此对于研究体系的建立也就力不从心了。但中国早期的学者们依然取得了一系列重要成就，主要在于他们建立了不同的汉语语法体系。汉语的语法体系之间具有明显的差异，这是因为各家学者们都以不同的西方语言研究理论为创作思路，并融入独具自身特色的认识与见解。黎锦熙是中国对比语言学研究史上第一个提出系统、完整的学科范围问题的学者，但不足之处在于，他没有对其学科范围的本质进行深入说明。

从第四期开始，在国内研究环境的影响下，大多数研究学者主要转向句法范围内的比较。1980年前后，国内对比语言学界爆发了一场关于析句方法的大论战，论战的一方是传统语法派，他们主张在研究中采用句子成分分析法；另一方是结构主义派，他们主张采用直接成分分析法。尽管论战的双方纷纷发表文章，极力阐述自己的观点，但他们的论述都没有涉及句子以上的单位。第一个提出要拓宽对比语言学范围的是王宗炎，他的观点概括为：

现代语言学主要从普通语言学向心理语言学和社会语言学发展，如果对比分析也按这样的模式发展，那么其视野会越来越宽广，发现的问题也会越来越多。多年以来，我们的研究视野局限于占统治地位的句本位主义。以句子为限的东西，如词汇、句法以及语音等，当然可以进行对比，但对于那些比句子大的东西，如句群、段落等，也可以进行对比，甚至句子之外的东西，如语言环境等，也可以进行对比。

之后，赵世开又第一个提出，要把宏观对比语言学和微观对比语言学、理论对比语言学和应用对比语言学区分开来。其后，许余龙提出了中国对比语言学研究史上第一个对比语言学体系，这也成了中国对比语言学成熟的标志之一。许余龙的研究体系主要有以下几个特点：第一，与将对比语言学当成应用语言学或语言学某个分支的观点不同，许余龙认为对比语言学应该"既是横向的又是纵向的一个语言学分支""从整体上来说，对比语言学是语言学的一个纵向分支，因为其本身构成一个纵向的包孕等级系统，与语言学的分类平行"。这种观点继承了洪堡特和赵元任的思想，在中国，甚至世界的对比研究中都是前无古人的，具有浓厚的创新精神。第二，其实在许余龙的体系中还存在着一些交叉，即语言学各分支学科与上述体系的交叉。如"语音学、词汇学、语法学"，这些学科既是一般的理论对比语言学，又是具体的理论对比语言学，同时还属于一般应用对比语言学和具体应用对比语言学。如果将这些交叉用图示的形式表现出来，则会十分庞大复杂，因此我们只进行一些举例性的研究。第三，许余龙认可科特等人的看法,认为"理论与应用是相对的",他的观点是:在英汉两种语言的对比研究中,我们可以使用对比语言学的一般理论,然后在此基础上完成一部专为外语教学服务的英汉对比语法,如果将这种语法应用于具体的英语教学中去,则属于更为深入的应用了。

许余龙之后,刘重德也提出了一个关于对比语言学设计的更为庞大的体系,其特点主要在于他提出的三个层次的思想,这同样也是中国对比语言学研究的优势和特色所在。另外,刘重德的体系与许余龙的体系有某些相似之处,例如,"语音学、词汇学、语法学"等不仅在理论和应用层面上有交叉,也在具体应用的对象,如教学、翻译以及词典编纂上有交叉。

(二)对比语言学学科性的再认识

纵观前人的研究成果,我们可以从中看出一条清晰的研究脉络。这是一个不断发展、扩大的过程,中外研究,都经历了"理论目标"—"应用目标"—"综合目标"的发展过程;从范围来说,都经历了一个"传统语言学体系"—"区别微观与宏观"—"区别理论与应用"—"综合进一个大体系"的过程。中西方研究的不同在于:西方重视对比研究的出发点,如克尔采斯佐斯基在"对比中立项"的基础上建立了自己的体系,切斯特曼的体系从意义出发,虽然形式有某些相似之处,但内容却大相径庭;而中国的研究学者们主要分两类,一类以许余龙为代表,将对比语言学放在较高的位置,另一类以刘重德为代表,重视三个层次的思想。对于前人的研究理论,如今应该如何总结?我们认为,可以从两方面入手:首先,对之前的概念、观点进行研究探讨,评价其得失优劣;其次,在前人研究的基础上,尝试建立新的研究体系,融入当今对比语言学研究的新成果与新思想,为未来的学科发展奠定基础,承前启后。

1. 对两个基本问题的讨论

这一部分我们将详细论述微观与宏观、理论与应用这两个重要问题。我们会首先提出问题,有关的解决办法之后再谈。

(1)微观与宏观

在对比语言学研究范围不断扩大的过程中,中国学者和外国学者都难以避免对宏观与微观问题的讨论,但双方对这个问题的理解存在差异。主要有以下三种不同的理解。

①宏观指索绪尔提出的外部语言学,微观指内部语言学,也叫纯语言学。微观认为语言是一个封闭、自足的系统,不需要考虑外在的人为因素或社会、环境因素的影响,仅仅研究语言内部,如语法、词汇、语音等问题。从索绪尔

开创现代语言学到乔姆斯基为止，研究学者们的研究本质都属于微观语言学。而宏观语言学也叫外部语言学，其认为语言的研究与使用离不开人类社会，受社会环境、人类心理等诸多因素的影响，因此只有在对比语言学研究中充分考虑这些背景因素，语言的研究才真正有价值、有意义，真正能够切实有用。20世纪六七十年代之后，西方的对比语言学研究逐渐进入宏观范畴，其各种带连字符的语言学，如社会语言学、心理语言学、人类学语言学、文化语言学等，都属于宏观语言学。

②其实在微观语言学内部，也有宏观和微观之分。此时的宏观与微观主要以句子为标准，大于句子的研究为宏观研究，如话语研究、篇章研究和句群研究；而小于句子的研究为微观研究，西方传统意义上的对比语言学研究都集中于此。

③在研究方法或视角方面，也有宏观和微观之分。宏观指从全局性的角度研究问题；微观指专对某一细小或具体问题进行研究。

第三种理解我们将在之后谈到。而在前两种理解中，以詹姆斯为代表的很多西方学者普遍支持第二种，将宏观研究定义为大于句子单位的研究；但以刘重德为代表的中国学者都支持第一种理解，他们认为宏观研究应该融入人类社会、思想、哲学、文化等因素，具体体现为对不同民族语言心理和语言表达法的研究。这两种理解其实有很多相似之处，例如，对于话语和篇章的研究，既可以只对其形式和意义进行一般研究，也可以专门着重于表现特定文化的层次的研究。如果从这一角度来审视宏观和微观问题，似乎发现两者都是宏观研究了，但中国研究学者持相反的观点，他们坚持认为只有后者才是宏观的，前一种依然是微观研究。再如，从表达法着眼，中国学者认为从意义到形式的研究也是宏观研究，如果这样认为，那切斯特曼的体系就全部属于宏观研究了。然而，在西方研究学者甚至切斯特曼自己看来，第一层的"句子意义结构"的研究仍属于微观研究。在这一问题上，中西方研究学者们面临着较大的矛盾。如何化解这一矛盾？这又涉及两个重要的划界问题：

第一个是句子层面与句子以上层面的划界。将句子与篇章分开具有重要的研究意义，许余龙认为：句子的组织结构形式与篇章的组织结构形式有着明显的区别……从本质上来说，篇章并不是由数个完整、关联的句子组合而成的，而应该是一个语义上的统一体。通俗地讲，无论是口头，还是书面，无论是一句话，还是一本书，任何一个语言段，只要在语义上是完整的，那么就可称之为篇章。

因此在西方的研究中，句法和篇章是两个互相独立的研究领域，两个领域的研究学者们从不触及另一个领域。例如，进行句法研究的乔姆斯基等人从不搞篇章研究，进行篇章研究的波格朗等人也几乎不从事句子研究。因为西方学者认为这两个领域分别是微观和宏观的，但汉语较西方语言有着本质的不同，汉语没有形态，句子之间界限不清，因此中国的研究学者们无法将篇章研究与句法研究单独进行。中国最早的语言层级体系认为，"字、句、章、篇"是一个整体，这一观念可谓深入人心，直到20世纪，中国中小学语文教学在不刻意模仿西方语言教学中所谓的"语法"之外，教师讲课仍旧以"字、词、句、篇"为主。西方语言可分，而汉语难分，这本身就是个矛盾，因此在对比理论中也同样存在矛盾，无法使用相同的研究标准。

第二个是"语言心理"的问题放在哪个层次。西方半个多世纪的对比语言学研究都是为二语教学服务的，因此此处的心理主要指语言学习者的学习心理，在对比语言研究中产生的理论主要是"迁移"理论。可以看出，这在整个对比语言学体系中只是"理论对比语言学"的一个很小的组成部分。还有一些以切斯特曼为代表的学者，从句子的语义结构出发寻求解决方法，将语言与篇章的拓展称为"外向"，将心理学的拓展称为"内向"。然而在他的体系中，我们却没有发现"内向"的部分，心理因素只在他的关于相似性的分析中起了一些作用。这实际上就是对整个对比体系起作用，而不仅仅是在某个层次。

然而中国的研究学者持相反的观点，他们在语言哲学层次和表达法两方面都运用了语言心理，认为语言的表达形式和表达法反映了不同的民族心理。两个层次具有鲜明的差异性，前者在于研究"因"，而后者在于研究"果"。从这可以看出，中国研究学者的观点显然与洪堡特和叶斯柏森等人更为接近。之所以出现这样的区别，主要原因是中西学者的研究对象不同。多数西方学者是在"均质印欧语"内部进行对比，巨大的差距无法深入语言心理的深层；而中国学者进行的是汉语和与其差别甚大的印欧语对比，这其中巨大的差异是无法避免的，从对比语言学的角度来看，中国研究学者的研究思想是值得西方学者借鉴的。

（2）理论与应用

菲齐亚克认为，要将应用对比语言学和理论对比语言学区分开来，这一观点得到了很多西方学者甚至中国学者的认可，使得很多学者都遵其说，将区分应用对比语言学与理论语言学作为建立对比语言学体系的必要条件。但这一做法受到了很多学者的批评，切斯特曼的观点是：

一些对比学者想要区分应用对比语言学与理论对比语言学，他们认为理论对比是一种双向性的研究，从某种普遍的或共同的性质出发，观察理论对比在两种语言中如何表现。这种做法使得理论对比和语言类型学研究具有了某些相似之处，同时也与一般的语言概念有关。另外，应用研究是一种单向性的研究，从语言的某一特性出发，观察其在另一种语言中的表现。这样看来，应用研究与语言教学有着密切的关系。除此之外，还有一些学者对这种将纯理论对比与教学法对比区分开来的做法质疑，这种质疑笔者也是接受的，因为无论双向还是单向研究，都与教学法对比或纯理论对比有着重要的联系。

正如前文所述，中国学者许余龙同样认为，对于应用和理论的区别应该是相对的。针对这一想法，许余龙提出了第一、第二序列应用的概念。同时他也认为，这样可能会引发一些问题。

第二序列的应用是否必须要以第一序列为基础？我们可以对两个序列的不同应用进行比较，可以发现，两个序列的目的和性质是不同的。第一序列的应用，即具体理论对比的目的是研究两种或多种语言之间的异同，加深我们对不同语言的认识和理解，因此第一序列的应用依旧属于理论语言学或"纯"语言学。而第二序列的应用，即具体应用对比主要是为外语教学服务的，因此属于应用语言学的一部分。

但美中不足的是，许余龙并没有提出第一、第二序列……在对比语言学中的具体表现方式。是"应用对比语言学一""应用对比语言学二"……呢，还是将理论对比语言学与前者结合起来再重新分成"理论对比语言学一"（原来的理论对比语言学）、"理论对比语言学二"（原来的"第一序列"），再接"应用对比语言学"（原来的"第二序列"）呢？如果运用后者，则会产生新的问题：对比语言学理论研究是否需要进行第一、第二序列……的区分？这个问题在对比语言学研究史上具体体现为对比语言学理论本身是否需要语言学理论的指导？迪·皮德娄第一个对这个问题进行了解答，他认为需要，同时他详细地提出了对比语言学要以转换生成语言学为指导：很多模式的语言理论都可以实现一般化的目标……但从当前的情形看来，只有转换生成语言学的发展情势最好，因此转换生成语言学最适合用来指导对比语言学。

第二个进行回答的人是凡·布伦。他认为，对比分析的方法无法指出错误之处，在外语教学中也体现不出重要的作用，它的真正价值在于可以加深我们对不同语言异同的认识与了解，增强语言的表现力。而要实现这样的作用，对比语言学就需要理论指导，因此他的观点是：

长久以来对比语言学研究的本质目的就是增强语言本身的解释力与表现力，虽然这一目标并不容易实现。但如果这个目标得到肯定，那之后所要面对的关键就在于怎样选择一个适合的语言学理论作为对比的基础。

而这个最合适的选择就是转换生成语言学。通过这一选择我们仿佛可以看到，20世纪70年代的转换生成语言学研究是何等的风光。

但是，这种需要理论的"理论"也给对比语言学的定位带来了一定的困难：既然别的语言学理论不需要其他理论做支持便可以独立存在，甚至还可作为对比研究的基础，而对比研究却离不开其他理论，那么对比语言学究竟是一种什么语言学呢？

关于这一复杂的问题，中国研究学者给出了许多答案，他们认为对比语言学存在的意义就在于可以对西方的语言理论进行证实或证伪。如伍雅清的观点是：

首先，我们不应该为了比较而比较，将重点都放在找出对立面上，而应该重点突出共性，对普遍语法进行深入挖掘，提出对语言事实的合理解释。其次，既然我们都以普遍语法作为研究中心，且英语是现代语言理论研究中进行得较为深入彻底的语言，那我们在比较研究中，就可以用汉语的语料对建立在英语和其他欧洲语言基础上的理论原则加以证实或证伪……目前的英汉比较，是用汉语的事实来检验以英语为蓝本的当代西方语言理论。

第一，这种观点质疑了对比语言学作为一门学科独立存在的合理性；第二，对比语言学也不一定是以普遍语法为中心的，甚至这一理论在西方语言理论中也站不住脚；第三，虽然对于英语语言的研究是比较彻底和深入的，但这并不意味着对于其他语言的研究只能"对建立在英语和其他欧洲语言基础上的理论原则加以证实或证伪"；第四，把英汉对比研究的目标降为"用汉语的事实来检验以英语为蓝本的当代西方语言理论"，这比"老谈隔壁人家的事情"（吕叔湘语）的做法更不利于当代中国对比语言学研究的发展。

这种以验证现有理论作为对比研究目标的思潮的出现，与学科定位存在差异有着很大的关系。因此可以看出，学科定位的准确性在对比语言学科建设中有着重要的意义。

2. 对比语言学学科体系的新建议

在当前的对比语言学体系研究中，依旧存在着许多问题，还无法令人满意，因此，建立一个全新的、能够真实反映当前研究水平与认识水平的新方案就是21世纪对比语言学研究学者们面临的主要任务。我们不揣冒昧，在这里提出一个初步构思。

针对之前的研究经验，英汉比较研究会首任会长刘重德曾针对新方案的建设提出了四个基本原则。

我们在进行学科建设和学术研究时要遵循以下四个原则：第一，理论与实践相结合的原则；第二，国内与国外相结合的原则；第三，宏观研究与微观研究相结合的原则；第四，理论研究与应用研究相结合的原则。只有切实遵循这四个原则，彼此兼顾、紧密结合，学术研究才能健康发展，才能实现最有效的治学之道。

这四个原则的提出是比较全面的，不仅涉及了上文提到的几个问题，同时也包括了国外相同学科建设的要求。但为了精益求精，有必要再加上三条原则：第一条是必须建立在对比语言学的哲学基础之上，即根本的语言观上；第二条是应该融入我们对学科体系建设新的自我认识；第三条是要展现出前人关于学科建设的研究成果，将各种思想、观点都融入新的体系中去。

在本章的一开始，我们已经讲过，语言的基本属性是自然属性、人文属性和社会属性的综合。因此根据第一条原则，我们就可以将这三个属性作为出发点来建立新的对比语言学研究体系，而建设的重点应该是人文属性。

根据第二条，既然任何学科从理论到实践都分为四个层级，那么对比语言学也应如此，这一点要在其学科建设中鲜明地体现出来。

根据第三条，我们发现前人的很多研究思想都具有启示性：洪堡特等先驱提出了语言对比研究的最终目标；菲齐亚克提出了区分理论和应用理论；詹姆斯和切斯特曼提出了"横向、纵向"拓展和"外向、内向"拓展；刘宓庆提出了三个层次；许余龙提出了语言学纵向分支思想和应用的分序列思想。

结合以上三条原则，新的方案需要表现出两个要点：

第一，根据所有学科从理论到实践都可以分四个层级的观点建立对比语言学的四层级体系：语言哲学—理论对比语言学—应用对比语言学—语言对比实践。其中应用对比语言学和语言对比实践分别相当于许余龙的第一序列应用和第二序列应用。而理论对比语言学放在第二个层级也解决了它的学科定位问题，即与理论语言学处于同一层级。我们可以与语言学的学科层级相比较：语言哲学—理论语言学—应用语言学—语言实践。

这种定位可以解决两个问题。第一，理论对比语言学和理论语言学一样，都要受，并且只受语言哲学的指导。第二，理论语言学与理论对比语言学处于同一层级，因此理论对比语言学不需要受其他语言学理论指导。对比语言学和其他语言学理论之间可以互相参照、借鉴双方的研究成果，两者共同受语言哲学的指导。菲齐亚克提出的"元理论"就属于语言哲学，这种认识是正确的，只是没有选择合适的研究对象。此外，还有部分西方学者总是寄托于某一家理论语言学，高估了其他语言学的地位，同时也低估了自身地位。

我们发现，对比语言学和普通语言学的上一层都是语言哲学，原因在于哲学的范畴非常宽泛。其实，不仅普通语言学和对比语言学要接受语言哲学的指导，如果翻译学也建立起独立的研究学科体系，那么它的上一层级也是语言哲学，因为翻译毕竟是语言间的交流：语言哲学（翻译哲学）—翻译理论—翻译技巧—翻译实践。这也说明了为什么对比语言学和翻译学之间有这么多的共性和互通性。但对比语言学对翻译学的指导作用并不是全面的，只有在第三层级和第四层级才体现出来，无法直接作用于翻译学学科体系的建设。因此必须要通过影响语言哲学来对翻译学进行某种作为。

根据语言的自然、社会和人文属性，我们将语言对比三个层面的思想定名为"从自然科学角度的研究""从社会科学角度的研究""从人文科学角度的研究"。

1991年，刘宓庆提出要将对比语言学研究划分为三个层次，这一观点之后逐渐被大多数学者接受。之前人们将这三个层面理解为"语言表层结构"—"语言表达法"—"语言心理或语言哲学"。2003年，潘文国在《对比研究与对外汉语教学——兼论对比研究的三个时期、三个目标和三个层面》一文中又提到了这三个层次，并进行了细致深入的分析，最终提出了一种全新的观念：

我们从另一个角度看这三个层面就会发现，他们有着各自不同的背景，第一层面的背景是结构语言学，第二个层面的背景是社会语言学，而第三个层面的背景是认知语言学。这三个层面对应的背景正好与20世纪70年代之后世界语言学的发展脉络相一致。对比语言学的研究要紧跟世界语言的发展，因此这是一条必由之路。

如果我们再换一个角度还会发现，这三个层面用来研究语言的方法也不一样，第一个层面使用了自然科学的方法，第二个层面使用了社会科学的方法，而第三个层面则用了人文科学的方法。这也和世界语言发展历程相一致。

其实，"语言表层结构"主要考虑的是语言的自然属性；"语言表达法"主要考虑的是语言的社会属性，即怎样将相关的社会文化表达得更具体、更合适；而"语言心理或语言哲学"主要考虑的是语言的人文属性。这三者之间并不是递进的"表层、中层、深层"的关系，而只是考虑问题的出发点不同罢了，因为这三种研究各自都可以分为"表层、中层、深层"，主要在于三种研究用的方法是什么。"表层、中层、深层"的区分其实并不符合客观事实，只有清楚地认识到对比研究可以用自然科学方法、社会科学方法和人文科学方法进行，才能够有效地进行对比研究队伍的建设。

这三种方法具体来说，首先，自然科学方法以语言的自然属性为出发点，将两种语言看作一个稳定、静态的语言系统去进行比较，并且在比较中暂时忽视社会环境、文化背景的变化以及可能随机产生的各种复杂状况。自然科学方法主要适用于教学语法系统和语音系统，其对比结果主要用于二语教学。需要强调的是，要注意区分教学语法与实际语言的语法，因为前者属于自然科学层面，具有规范性、有效性和规定性；而后者属于人文科学层面，具有描写性、文化性和科学性。20世纪70年代以后，越来越多的学者质疑对比分析对二语教学产生的效果，这其中既有使用者本身的问题，也涉及使用方法的问题。即使对比分析无法解决学习者的所有问题，也不能就这样认为它什么问题都不能解决，哪怕只能解决部分问题，那对于学习者也是很有帮助的。更何况如果我们将对比研究与中介语分析、偏误分析结合在一起，那么可以解决大部分问题的概率就更大一些。

社会科学方法主要将语言的社会属性作为对比研究的出发点，认为两种语言处在一个动态的、时刻变化的系统中，从而进行研究。由于社会中人际交往十分复杂，因此社会科学方法必须充分考虑社会、文化以及个人之间各种可能的情况。要想准确把握这些情况，就必须有一个总抓手，而这个抓手不可能是形式，只能是意义。从意义出发，将同样的意义放在不同的文化背景、不同的场合、不同的语言环境下，看它们是如何进行表达的。因此表达法对比就成为社会科学方法的核心内容了。人际交流主要是通过话语进行的，广义地说是通过语篇，因此表达法对比运用于话语对比、篇章对比就显得十分符合逻辑与实际情况了，即使无法彻底排除语言的其他方面，如语音、语法、词汇、修辞等在交际过程中发生的变异。这一方法在翻译领域中被广泛运用，因为翻译是跨文化交流的桥梁，其本质就是表达，这与本方法的侧重点是一致的。翻译主要分为三种：教学翻译、实用翻译和文化翻译。教学翻译是机械的词句对换，适用于上一层面；实用翻译讲究得体的表达，属于这一层面；而文化翻译涉及民族精神，属于下一个层面。

人文科学方法主要将语言的人文属性作为出发点，将两种语言看作各自民族文化的象征从而进行对比，这与洪堡特、叶斯柏森、沃尔夫等创立这门学科最初的本意相符合，是整个对比语言学最终、最高层次的目标和任务。如果说第一个层面是从语言的规定性结构进行对比，第二个层面是从语言的描写性表述进行对比，那么这一层面就可以说是对所有语言异同背后解释性的对比。这种解释不是照搬术语、只在句子结构上下功夫的"一般解释"，而是融合了语言文化特征、历史、民族、人文属性的解释。这一方法的运用范围极广，几乎被运用在语言的各个层面。词汇层面是最简单的应用层次，但核心是语法，这里的语法指的是语言的组织法，而不是课堂中的教学语法。除此之外，在修辞、文体、风格、韵律等层面也有很广泛的运用。对于汉语来说，文字之间的对比始终无法忽视。其实这对非汉语来说也是如此，洪堡特曾专门写过一篇《论字母文字及其与语言结构的关系》的文章，论述过文字的重要性：文字是语言更巧妙和精美的修饰与表达。

而针对汉语没有使用字母书写，他也进行了有根据的分析：

中国人其实很早就了解了西方的字母文字，他们之所以一直使用汉字而抵制字母，并不是他们排斥一切外来事物，而是因为汉字本身所具有的独特结构与文化能力。否则凭借中国人表现出来的伟大的创造力，以及他们所使用的书写符号本身，不仅会将声符作为一种辅助手段，还会更进一步创造出一种有意义的、具体的、纯粹的字母文字。

三、对比语言学的本质论

在完成对哲学基础和学科体系的研究后，我们将进一步讨论对比语言学的本质，即"对比"和"比较"的区别与实质。与之相关的是"求同"还是"求异"的问题。

（一）对比与比较

从西方对比语言学发展的脉络中可以发现：对比语言学发端于比较语言学。洪堡特、叶斯柏森和沃尔夫三个人的研究思路正好完美印证了这一观点：洪氏在其文中仍使用"语言比较研究"这一术语，但我们从他对这一研究的内容和任务的分析中明显地看到了这就是现代的语言对比研究；叶氏明确地说出了他主张"为比较语法创造一种新的方法，或者创造一种新的比较语法"；而沃尔夫则更直截了当地声称他的是"研究语言与思维的一种新方法"，不仅提出了对比语言学的名称，还将对比语言学与比较语言学进行了划分与对比。

地球上的所有语言都来自单一祖先，之后在漫长的历史发展中逐渐分为不同的语系，其中描写语言在历史进程中的一步步足迹的，被称为"比较语言学"，关于比较语言学的研究已经取得了十分丰硕的成果。但更重要的则是要产生新的思想方法，这一部分被称为"对比语言学"，其主要研究各种语言在语法、逻辑和对经验的一般分析方面的重大区别。

沃尔夫之后，第二期的对比语言学家们普遍不承认沃尔夫等创始人的研究成果和地位。拉多在他的书中只使用"比较"一词，刻意忽视"比较"和"对比"的区别，而且在其他学者的研究中，"比较"与"对比"两个词的含义已经出现了混淆。这一现象直到詹姆斯才有所改变,他再一次确定了"对比"这一术语,并将之与"比较"区别开来。

在中国,尽管早期的学者,如黎锦熙、赵元任,乃至吕叔湘都曾有过以"比较"来指"对比"研究的情况,但从吕叔湘起,这两个名称的专用性和学科类别性得到了确立。赵世开在将对比语言学介绍进中国的时候把"现代的对比研究"与19世纪的"比较语言学"做了比较,论述了两者各自的特点。

许余龙更从理论上对此进行了阐发。他根据语言比较对象的不同,设定了纵横两条轴线,从而产生了四个象限。

许余龙的分析眉目清楚,在一个时期内对确定对比语言学的性质起了很好的普及作用。不足之处是其把对比语言研究局限于共时研究。王宗炎已提到对比分析有时不能不提历时因素,后来杨自俭和潘文国都对许氏的说法有所修正。杨自俭强调:"共时与历时两种研究并重,因为要解释异同,恐怕非进行历时研究不可。"

区别"比较"和"对比",对于对比语言学的学科建设有着十分重要的作用。"对比"既具有方法论的意义,更具有学科本体论的意义,因此是对比语言学最核心的内容。当然,由于"比较"一词的宽泛意义,在具体写文章时,对比语言学家也会不时用到这个词,但对于"对比"一词的学科性意义,对比语言学家是十分清楚的,中外皆是如此。只有极少数学者,偶尔还会坚持使用"比较"一词来代替"对比",任学良、伍雅清、魏志成就坚持使用"比较"一词。这除了说明人们对于对比语言学产生发展的历史不甚清楚外,也反映了人们在对学科性质的认定上还存在着一些不同意见。

(二) 重"异"与重"同"

"对比"与"比较",在方法论上的表现就是重"异"与重"同"。然而同"对比"一样,在对比语言学中,重"异"也具有本体论的意义。詹姆斯对此说得最为清楚:比较语言学家始终认为各种语言都是个性化的,但语言之间也具有相同点,因此人们可以对不同语言进行异同的比较,分成各种类型……但对比分析并不关心分类,其更注重不同语言的"异"而非"同"。

更有甚者,直接将对比语言学称为"差异分析"。

在中国的学者中,刘宓庆对重"异"进行了最细致的研究,他认为:就对比语言学而言,其最基本的问题在于抓住对比中的双语(或多语)的不同素质,或曰异质,语言的许多形式问题其实只是基于其特定素质而发之于外在的表现现象,是一种外在言语行为表现。我们无疑必须更加关注内在的、支配言语行为表现的各种内在机制，考察它们以何种形式作用于语言结构，而使一种语言有别于另一种语言。

丁金国则提出了更为直接的观点：语言对比的最终目的就是寻找不同语言之间的差异。无论英语和汉语朝着怎样的方向发展，它们绝不会"殊途同归"。英语和汉语因各自具有的特殊性也绝不会被对方取代。因此，研究与探索这两种语言的差异性与特殊性也自然成为研究英汉对比理论的出发点和归宿。

刘宓庆和丁金国的研究思想对中国20世纪90年代的对比语言学研究产生了很大的影响，但后来开始出现一些反对的意见，伍雅清就认为虽然这样的对比具有某种意义，但也客观存在着一些难以忽视的问题：没有宏观理论做基础；描写表达多而分析少；在研究中以实用主义为原则，过于强调两种语言的差异以及这些差异的实用价值。如果这些问题不加以解决，就可能使我们的研究出现偏差，甚至前功尽弃。

显然伍雅清更加重"同"，他认为：我们的研究不应该是为比较而比较，只注重找出差异性和对立面，而要更加重视两种语言的共性，将研究方向转向对语言事实的解释和对普遍语法的探索。

第三种看法认为应该"异同并重"。杨自俭是这种观点的支持者，他认为，"客观实际应是两种研究同时进行，影响互相促进"。这之后他又撰写了多篇文章阐述这一观点。

伍雅清在研究中坚持使用"比较"一词，这可以被看作不同的语言研究方法和语言观。他所主张的研究可以称作"英汉比较语言学"而非"英汉对比语言学"，这样分隶于两个不同学科，就不会有重"同"、重"异"的争执了。然而他的批评和希望纠正的对象却又是当代中国的英汉对比研究，这就使我们感到有必要从理论上加以厘清了。

在哲学中，"同"和"异"是事物的对立，存在于一切事物中，存在于一切事物发展的始终。

从世上万事万物存在的形态来说，"同"是"一"或"统一"，而"异"是"多"或"多样"。同是叶子，但"世上没有相同的两片叶子"；同是家庭，但"幸福的家庭处处相同，不幸的家庭各有不幸"。

从事物分类的层级看，"异"在下层，是具象；"同"在上层，是抽象。而且越往上层越抽象，如个体各不相同的马抽象为"马"，所有不同类的动物（马、牛、羊等）抽象为"动物"，所有不同类的生物（动物、植物、微生物等）抽象为"生物"等。

从事物运动的角度看，"同"是静态、"共时"的，"异"是动态、"历时"的。运动员在运动场上的姿态千变万化,但一旦"定格",就成了一张照片、一具雕塑。

从事物发展的形态看,不变是"同",变化是"异"。所谓"逝者如斯,而未尝往也;盈虚者如彼,而卒莫消长也。盖将自其变者而观之,则天地曾不能以一瞬;自其不变者而观之,则物与我皆无尽也"。

从主客观的关系看,客观存在是"同",而主观理解是"异"。同一件事物,由于观察的角度不同,可以有许多不同的解释。"一千个读者就有一千个哈姆雷特"。

从事物的本源看,"同"是相对的、暂时的、有条件的,"异"是绝对的、永恒的、无条件的。

可见"异""同"并存是宇宙的根本属性之一。见"异"不见"同",以及见"同"不见"异",都是偏执的、错误的。

在对待语言的态度问题上,大概没有人比洪堡特对"同""异"的问题说得更透彻了:

在语言中,普遍性和差异性是如此协调,导致我们认为以下两种说法同样正确:第一,所有人类共用一种语言;第二,每个人具有一种特殊的语言。

另一方面,洪堡特的观点更为明确:

这样看来,差异便是同一,分离即共有。事实上,如果把语言视为完整的精神个性,那么真正具有共性的东西就是绝对独特的。但唯有通过语言自身,唯有在其个性非常惹人注目的地方,我们才会察觉到共性的存在。

可惜能真正全面理解这一睿智的论断,并毫不迟疑地将之作为语言研究基石的人不多,不少人囿于理论上、学识上、思维方式上的差异,或是只见树木,不见森林,只关注具体、个别的语言;或是偏执于对"一种语言"的追求,甚或把"一种语言"与语言研究的"一种理论"挂起钩来。以"共性"为宗旨的当代普遍语法论、强调"异"的对比语言学,乃至强调发掘某种语言特色的个别语言学(如胡以鲁),都宣称洪堡特是其理论的源头,就透露出个中消息。但值得思考的是,如今被对比语言学者认为是对立矛盾,并且展开激烈辩论的观点,在最初是如何集中在洪堡特一人身上的?他又是如何巧妙地将这些矛盾的观点集合起来的?为什么今天的学者无法统一思想,偏要各执一词?洪堡特是否具备了我们今天的学者们不具备的某些品质?这样一想,也许我们会打开新的思路。

我们可以从这样的思考开始:既然"同""异"的问题无所不在,语言研究对二者就都是绕不过的,因而实际上不存在纯粹求异或纯粹求同的研究。对比语言学固然不应以求"异"为唯一目标，那种以求"同"为唯一目标的理论也并非就是最"科学"的语言学理论。关键是看如何结合本学科的研究目标，认识"同""异"的性质并予以恰当处置。

从前面对"同""异"的分析来看，我们不难发现两者各有特色：

一方面，"同"是相对的、暂时的、抽象的、静态的、客观的，而"异"是绝对的、永恒的、具体的、动态的、主观的；另一方面，"同"具有"统一、提挈、联系、形而上"的优点，"异"则难免具有"分别、离散、孤立、形而下"的缺点。"同"的相对性、暂时性、条件性、简单性……以切斯特曼的分析最为透彻。

洪堡特自创立对比语言学以来，就根本没有否认过"同"的问题。他的观点已经在上文论述过了，充满了辩证法的思想，在某种程度上正是德意志民族思想的产物，是别的西方民族所缺乏的。大约也只有在老子传统思想熏陶下的中国人最容易对他有同情的理解。例如，戴浩一说："我们关注汉语和英语的异，但并不意味着我们就否定汉语和英语的共性、否认探寻共性的研究有重要意义。恰好相反，我们要小心地采取归纳的方法实现语言的共性。"

从实际上来看，"差异派"与"共性派"的分歧，或"对比派"与"比较派"的分歧，并不在于理论研究的最终目标（人类语言的共性），而在于达到这一共性的途径："差异派"或"对比派"主张通过研究"异"，最后达到"同"，其表现就是对"异"的不厌其烦的寻找与分析；"共性派"或"比较派"主张从"同"出发，最后走向"同"，其方法就是"解释"，即找出一个"有普遍意义的""西方现代语言理论"，然后"用汉语事实加以验证或证伪"。关于这一点，前文引过的伍雅清的话里说得非常清楚：我们的比较研究就应该用汉语的语料对建立在英语和其他欧洲语言基础上的理论原则加以验证或证伪。

但问题的本质在于，为什么这些所谓的"理论原则"（实际上只局限于西方某一派的观点，并未得到主流学界的承认）可以成为共性研究的前提呢？我们曾说过：只有对世界上各种语言都有解释力的理论，才是具有普遍性的理论。共性的研究有两条途径，根据研究一部分语言得出的规律向别的语言推绎是一种，从各语言的具体语言事实出发去归纳是另一种。相比于印欧语等各种语言，汉语是远远没有研究透的语言，在这种情况下，拿从西方语言研究中归纳出来的规律去指导寻找汉语的规律，恐怕不如从汉语自身的事实出发去归纳。

这也是我们注重在对比研究中寻找差异的原因。

那么在对比研究中，"同"的地位又如何呢？之前说过，"同"和"异"是对立且相互存在的一对矛盾，二者共同诞生，共同消失，存在于一切事物中。

正如我们无法回避"异"一样，也无法回避"同"。切斯特曼对"同"的认识，就极具启发性。一般来说，我们将"同"分为两种：初始的"同"和归终的"同"。

①初始的"同"就是"可比性"，是对比的出发点。拿两样东西做比较，总得有个基础，有个值得比的地方，这就是"可比性"，而"可比性"就是"同"。没有这一层次的"同"，可以说对比研究无法开展。因而，这个"同"，存在于所有的对比研究里，特别是在起始的时候。至于这个"同"是什么，除了与"共性派"的根本差异之外，也还有方法论上的选择。

②归终的"同"就是语言的"共性"，是对比研究的终极目标。而这个目标，按照我们建议的对比语言学体系，主要存在于第一层级，即语言哲学层级。它并不是，或主要不是其他三个层级对比研究的目标。相反，在这些研究里，我们还是要积极地寻找差异、分析差异，为最终的语言哲学思考提供基础。直到这一层级，我们才能达到语言研究最高层次的"共性"或"同"。说到底，"共性"的研究只有在这一层级才需要和可能得到实现。而对比语言学者必须时时在心中存有这个终极目标，才能使自己的研究在理论上和深度上更上一个层次。

第二节 对比语言学的方法论

一、方法论研究的原则

（一）方法论与方法

这两者虽然形似且有关联，但事实上是两种完全不同的概念。丁金国说："方法论与方法不同，方法论是形而上的，是为研究某一特定学科所使用的指导原则与规则。方法论有的跨学科，有的则只适应于特定的学科，而方法是为解决某一特定问题采用的具体方式与做法。"

他指出了方法论的三个特点。第一，方法论是形而上的，即具有哲学性。在哲学上，方法论是相对于本体论而言的，是完成本体论所规定的目标的指导性原则。对本体论的认识不同，就会导致有不同的方法论。例如，西方哲学研究的本体始终是"存在"的问题，由于对本体的认识不同，导致了研究方法的变更，出现了西方哲学史上的三次大转向。这些转向，包括从20世纪初以来的语言转向,从本质上来说,都可以看作方法论的转向。第二,方法论是"为研究某一特定学科所使用的",即具有针对性。在进行学科研究时,我们会运用到各种方法,但并非每种方法都有方法论的意义。那些不是专门进行这门学科研究的方法就不具备方法论的意义。例如,分析与综合,从事任何学科的研究都有采用分析与综合方法的需要和可能,这是普遍适用的方法,但对于某一具体学科(如对比语言学)来说,并不具有方法论的意义。第三,方法论是"指导原则",因而具有宏观性。方法论必须是对学科的总体研究具有指导意义的原则,而不是在个别的、局部的问题上的具体研究方法,"解决某一特定问题采用的具体方式与做法"是"方疗法"。这三个特点对于我们研究方法论具有巨大的作用。我们要学会如何研究方法论,就要从区分方法与方法论入手,这样才能对方法论的研究和运用更具有自觉性。下面我们就对比语言学的学科性质(本体论),来看我们平常经常谈到的一些概念哪些是方法论,哪些只是方法。

1. 可看作本学科方法论的方法

一般上,我们认为以下方法在对比语言学的研究中具有方法论的意义。也就是说,这是一些对比研究者无法回避,在对比过程中必须考虑,而且如果有一个以上选择项的话,必须有所选择的方法。否则对比研究就无法顺利进行甚至根本无法进行。

我们把这些方法分为两组:一组既有本体论又有方法论的意义;另一组主要具有方法论意义。

(1)兼具本体论与方法论意义的方法

这一组方法都是既具有本体论意义,又具有方法论意义的。所谓本体论意义,是指它们在一定程度上参与确定对比语言学的学科性质;所谓方法论意义,是说它们在研究过程中具有实际可操作性,是建立研究模式、设计研究程序的依据。对比与比较、求异与求同、共时与历时这三种就属于这样的方法。

①对比与比较。

对比与比较的问题我们在上一章已经论述过。对比语言学之所以叫作对比语言学而不叫比较语言学是由"对比"这一术语的学科性所决定的。相较于"对比",有人更偏爱用"比较"这个词语,这当然是每个人应有的权利。但自洪堡特以来,经过几十年的研究与发展,"对比语言学"与"比较语言学"的差异和研究领域已经分明,并得到了研究学者的一致认同,在这种情况下随意使用学术术语可能造成不必要的理解差错与误会。如果你愿意的话,尽可把自己的研究称作"比较语言学"而建立与"对比语言学"不同的学科体系(当然这个时候又得认真区分这个新的"比较语言学"与语言学史上的"比较语言学"或"历史比较语言学",不要造成新的混淆)。孔子主张的"正名"在学术研究中也有其积极意义,那就是在学术讨论中论辩的双方要确定在一个共同的基础上,例如,在讨论对比语言学的时候,要确定讨论的对象是对比语言学,最好不要从比较语言学的立场来进行批评,否则就说不到一起去了。

除了这一本体论意义,对比与比较还具有方法论的意义。就是说,对比语言学在研究的时候必须采用"对比"的方法,而不是"比较"的方法。这两种方法在形式上有点相似,都是对两种或两种以上的事物(在我们的例子里是语言)进行比较,以找出它们的异同。但由于比较语言学与对比语言学的历史背景不同,实际上在语言学研究中已形成了相对固定的含义,即在异同的问题上,尽管双方都不会有只要找"同"或只要找"异"的极端主张,却有明确的倾向性。"比较"作为方法论来说,是一种侧重求"同"的研究;而"对比"作为方法论来说,是一种侧重求"异"的研究。"对比"一词着重突出"对",意味着在两者之间进行对比,如英语和汉语之间的对比。但如果涉及三种或三种以上语言,如英语、汉语和日语,虽然这其中也有比较之意,但三者之间是无法"相对"的,因此只能称作"比较"而非"对比"。这应该也是洪堡特和叶斯柏森没有用"对比"去命名他们的"新的比较语言学"的原因之一吧。

②求异与求同。

如上所说,对求"异"求"同"的不同倾向性,是由对比语言学的学科性质决定的,因而求"异"求"同"本身就具有本体论的意义,是方向性的问题。有人主张"异"与"同"并重,这在逻辑上是可行的,且显得比较公平,但事实上是行不通的。这样做只会模糊学科定义,使研究目标失去方向,同时从实践的角度讲,也不具备可行性。当我们对比或比较两种语言时,肯定要把这两种语言的异同都列出来,这当然是研究语言的必要过程,但这并不意味着我们就将"异"与"同"放在了同等位置,而只是研究中的一个步骤罢了。在异同点罗列出来以后,下一步怎么走?是在"同"中求"异",还是在"异"中求"同",这就成了两大研究法的分野。比较研究会在"异"中去找"同";而对比研究会在"同"中去找"异"。这就造成了两大学科的不同发展路线。因而求"异"求"同"又是路线性的问题,具有方法论的意义。在确定了"同中求异"的基本原则之后,怎样看待"同""异",怎样求"异",怎样看待对比语言学在发展到语言哲学层次时的求"同"问题,就是对比研究方法论需要认真考虑的。

③共时与历时。

共时与历时对于对比语言学来说,也兼具有本体论与方法论的意义。在20

跨文化交际背景下的对比语言学研究

世纪50年代对比分析兴起以后,拉多、詹姆斯等人都非常强调对比语言学的共时性,并将其作为一条基本特征,以与"比较语言学"相区别。中国学者在引进这个学科时也曾强调过这一点。但随着学科研究的深入,尤其是,当对比语言学的目标发展到吕叔湘所提到的两个层次后,学者们普遍感到,前一个层次的问题也许还能在"共时"的格局内解决,而后一个层次的问题却必须联系历时的因素,因此一些学者如杨自俭、潘文国等都指出,必须加强对语言史和语言研究史的研究,熟悉和了解有关的历史文化知识。杨自俭在反复琢磨对比语言学的定义时,也毫不犹豫地把"进行共时和历时的对比研究"写了进去,从而使这个问题具有了本体论的意义。

然而同时,共时与历时也是个方法论问题。怎样"进行共时和历时的对比研究"呢?是共时管共时,历时管历时,还是"描写"时管共时,"解释"时用历时,还是描写和解释时都共时、历时并举?共时的原则如何体现?历时的原则如何体现?历时的研究又如何与对比基础的"共时性"要求相结合?丁金国在讨论"英汉对比的方法论原则"时把"共时性"作为第一条原则。

共时研究的基本特点是把特定历史时期相对稳定的语言事实作为研究对象。需要说明的是,"共时"绝非指"当代"或"现代",而是指将历史发展中所截取的任一横断面作为研究对象的事实。所以我们在对比过程中,不能拿上古汉语的某一语言事实与当代英语进行比较,当然也不能拿中古英语与现代汉语进行比较。但这并不排斥为了说明某一共时事实,而使用历时性材料。

丁金国的这篇文章是少数专门讨论对比研究方法论的专文,虽然值得关注,但也不可否认,其中也存在一些逻辑上的错误:既然"'共时'绝非指'当代'或'现代',而是指将历史发展中所截取的任一横断面作为研究对象的事实",而对比研究又可在任两种语言间进行,那为什么"不能拿上古汉语的某一语言事实与当代英语进行比较,也不能拿中古英语与现代汉语进行比较"呢?这四种"语言事实"不都是"历史发展中所截取的任一横断面"吗?实际上,我们根本不需要将不同时期的英语和汉语进行比较。即使有需要,我们也可以在这些"语言事实"间进行对比研究,这同样不违反"共时性"的原则。"共时性"是指对比一方所使用的语言事实自身的共时性,例如,"上古汉语"里不应夹杂有现代汉语的流行语,"中古英语"里不应有嬉皮士唱的歌词。否则的话,如果要求历史材料在时代上的同一性,那除了"当代英语"与"当代汉语"之外,就没有什么其他材料具有"可比性"了,须知,最早的"古英语",对于汉语来说,已经处于"近古"时代了。

由此可见,共时与历时的问题,虽然经过了学者们的不断研究,看似容易,却有着极高的操作难度。因此还是需要学者进行更深入的理论探讨才行。

(2) 具有方法论意义的方法

我们将下面这些方法归于具有方法论意义的范畴。即虽然它们对于研究对比语言学没有实质上的意义，但研究中又不得不考虑，甚至有时会对研究结果产生重要的影响。这些方法是：对比的出发点、对比的方向、归纳和演绎、静态与动态。

①对比的出发点。

出发点，这个词听起来似乎不具备学术词汇的严谨性，却在西方有很深的发展渊源。出发点最早是由古希腊哲学家亚里士多德提出并使用的。他认为：出发点不可能是科学知识，而比科学知识更真实的只能是本能，因而只有本能才能获取出发点。

从事对比研究的人也许未必人人都一天到晚在考虑对比的性质、对比的目标等理论问题，却必须考虑"从哪里出发进行对比"这一非常现实的问题；他也许并没有认真想过从不同的地方出发，会给他的对比过程和对比结果带来什么影响的问题，但实际上这个问题必然存在。因而，出发点问题也是一个事关对比全局的重要的方法论问题，我们将在后面进行深入的专题讨论。

②对比的方向。

对比的方向是另一个值得深入研究的问题。对比是单向的，还是双向的，或者不具备方向呢？各自的方向又会有怎样的目标以及后果？这些问题都是对比研究中亟须解决的。

③归纳与演绎。

归纳与演绎，跟上一节提到的描写与解释相关，本来应属于一般的方法，是任何一门学科的研究都可以用的，而且也不存在着哪种研究只能用归纳、哪种研究只能用演绎的问题，并不只是与对比语言学有关。但是自从转换生成语言学派把"解释"变成它的"独门之秘"之后，"演绎"也成了这一派的"独门兵器"。他们声称归纳的方法是不科学的，只有演绎的方法才是科学的方法。"真正的"语言研究只能用演绎法。由于对比语言学在拉多之后只有极短的一个时期受到结构主义影响，多数是在这一语言学派的影响下发展起来的，因此这一方法对于对比研究的影响是不容忽视的。而中国当前有一些学者呼吁用汉语的事实去"证实"或"证伪"西方的"现代语言理论"，其实这一方法也就是演绎法，要用西方的语言理论"演绎"出汉语的规律来。他们心目中的"西方语言理论"其实仅此一家，就是生成语言学，西方的其他语言理论是并不包括在内的。因而归纳和演绎对于对比语言学来说，就突然有了学科方法论的意义。是主张归纳,还是演绎,是先归纳再演绎,是先演绎再归纳,还是演绎和归纳同时进行……就成了对比研究者必须做出抉择的方法论之一。

④动态与静态。

与"历时与共时"相关的是"动态与静态"的问题。由于我们觉得"动态与静态"并不像"历时与共时"那样,还具有对比语言学的本体论意义,因而将它放到了这个位置,也就是说,我们认为这也是进行语言对比时必须考虑的一个方法论问题。

从表面看,"动态与静态"和"历时与共时"好像都是关于一个问题的不同说法。但实际上,"动态"问题的研究范围远比"历时"要宽,"历时"与"同时"的变化都被包括在内,有时还有两种语言间的相互影响及变化。一个显著的例子是汉英色彩词所包含的文化含义。从历时的角度看,我们会想到"红、黄、白、黑"这些词在汉语中古今不同的含义;但从共时的角度看,我们又要看到这些含义在英语和汉语中的相互渗透关系,有些含义的产生正是翻译、借用对方语言的结果。将这些因素考虑在内,我们就会用一种完全崭新的视角来看这个问题。又比如,我们在比较现代汉语和其他语言时,必须用发展的眼光看待问题,要认识到现代汉语是发展与不稳定的,它仍然在发展与变化中,同时也不具备英语的稳定性。从我们对语言性质的新的认定——人类认知与表述世界的方式与过程——出发,我们觉得动态性应该成为新一代语言对比研究的一个方法论特征。

2. 对比的程序问题

下面我们要讨论一个既非方法论原则,又不是一般方法,却是许多对比学者所关注的问题——对比的程序。程序不是方法,但又与方法密切相关,这是有关研究者从他的研究目标出发,将他的方法论和方法付诸实践的过程,往往是研究者经验的可贵总结。从程序中我们有时可以更清楚地看出研究者的成就以及可能有的局限。对于后来者来说,程序往往是最直接的启示,越是具体的程序越是能够帮助新手入门。因此我们应该鼓励有经验的学者都来介绍他们的"研究程序"。

在对比研究史上,有几位学者谈到了程序问题。第一位有名的便是拉多。他的程序分四步:①找到对所要对比语言的最好的结构描写;②把这些结构简约化成大纲;③依大纲进行一一对比,发现难点;④把小难点集中成大难点,便能发现学习中的所有问题。

但拉多的程序具有一定的局限性。第一,他认为进行对比研究前,两种语言应该已经具备结构描写。但事与愿违的是，世界上大多数语言，包括汉语，并不具备结构描写。如果按照拉多的研究标准，研究者只能事先完成对汉语的结构描写，但这是一项极其庞大且复杂的工作，研究者未必有这样的精力；或者研究者只能在没有结构描写的前提下，硬着头皮进行对比。第二，拉多的这一方法只适合于结构系统的对比，对于别的出发点则无能为力。第三，上述③④两条表明拉多把两种语言的"差异"当作"学习难点"的代名词，这并没有经过证明。

第二位是迪·皮德娄，他的对比过程分为三步：①观察两种语言表层结构上的不同，前提是假设不管其表面上如何不同，背后总有什么普遍性的东西可解释；②假定这背后的普遍性东西；③找出从深层实现为表层的规则。

这大概可以说是最典型的生成语法派的"对比"：实际上是先有结论再来证明，之后将其"转换"过程"规则"化就算完成了任务。这种对比除了"证明"本来就已"存在"的"共性"外，并没有提供什么新的东西。

第三位提出对比程序的是詹姆斯，詹姆斯提出了一个四步法：①汇总资料；②进行描写；③根据需要补充资料；④进行对比。与拉多相比，第一，他不是找对象语言已经描写好的结构，而是要研究者自己进行描写，这就对研究者提出了更高的要求，但同时也给了他自主性，他可以按照他自己熟悉的理论或体系（如生成语法）去进行描写。问题是，这样的描写主观性可能很大。第二，他要搜集的"资料"没有强调是"结构"，因而可以容纳多种基础（如意义等）的对比，开放性比拉多大。第三，他把"进行对比"放在最后一步，但"如何对比"却付之阙如，这对于初学者来说就等于什么也没有说。

在中国的研究学者中，许余龙是第一个也是唯一一个讨论对比程序的学者。他把对比分为六个步骤：①确定对比范围，包括语言层面（语音、语法等）、语言单位或现象（句子、篇章、衔接等）及语言学内容（结构、功能等）；②文献收集与研究，其中"文献"指已有的对比研究，"研究"指对两种语言分别做的分析研究；③确定理论框架；④搜集语言材料（注意时代、语体、风格等）；⑤分析对比；⑥总结。

将许氏的程序与克氏做比较，我们会发现克氏还停留在从理论到理论上，其程序有点空想性；而许氏的可操作性大得多，相信是个人实践经验的总结。然而相对于前四条，第五条的内容还是较空，跟詹姆斯一样，他还是没有告诉我们"对比"本身到底该如何进行。更令人费解的是第三条"确定理论框架"，据我们所知这也是中国高校外语院系许多教授对博士生写论文的要求，似乎不这样做就不足以显示论文的"理论性"。我们不解的是，为什么事实的分析必须以某种理论为指导？没有理论就不能进行分析吗？难道理论不同，结果也不同吗？分别用两种不同的理论分析同一个材料，得到的结果分别是"异"与"同"，那么原因在于材料还是理论呢？如果是材料有问题，我们就回到了"理论决定材料"的怪圈；如果是理论有问题，那我们寻求某种理论支撑的意义又何在呢？这种对"理论"的渴求症显然来自西方，西方的某些对比学者总对学科自身缺少自信，想要寻求某种"理论"的支撑，以此来提高自己的"理论性"，如迪·皮德娄及利宾斯卡等人，而且他们都不约而同地选中了转换生成语言学。所不同的是，西方某些学者对"理论"的选择是其整个研究体系的支撑，是在全部对比开始之前；而中国学者，如许氏的安排却是在对比开始之后（已确定了对比范围及完成了文献收集），这就有点"看菜吃饭"的实用主义味道。而要求研究者能针对不同的研究范围、对象选用不同的理论模式，例如，想对比结构就用结构主义或生成语法模式，想对比篇章就用功能主义模式，这就等于要求每个对比者都成为精通各门各派"十八般武艺"的"武林高手"。而这样的"武林高手"一般是不会有的，这样施展出来的"理论"也只能是"花拳绣腿"而已。所幸在西方也并不是所有的对比研究者都这样乞求"理论"的支撑，如切斯特曼就断然拒绝以现成理论作为自己研究的支撑。

而切斯特曼也是真正对"对比"自身提出了操作程序的学者，他的没有结尾的"七部曲"是对此前各家一语带过的"对比"过程的真正描述。当然，切氏的程序有他的独特性，而且非常符合他的从意义出发进行对比的要求。我们可以把他的程序称作模式，甚至也可同意他自己的说法，叫作"方法论"。这一程序模式的出现确实是对比方法上的一大进步，对促进对比研究的深入无疑有很大意义。

（二）方法论研究的原则

区分清方法和方法论之后，我们将讨论方法论研究遵循的原则。

综观对比语言学的研究历程，无论是有意识还是无意识的，对于方法论的研究都要受到某些限制，这些限制也是方法论研究遵循的原则。方法论研究主要遵循三大原则，即背景性原则、选择性原则和同一性原则。

1. 背景性原则

背景性原则指的是在方法论背后起作用的东西。就对比语言学而言，下面三个因素对方法论有着决定性的作用。

（1）本体论决定方法论

对于任何学科来说，最重要的事是本体论的建设。没有本体论就谈不上方法论，如果连对比语言学是一个独立的学科都不敢承认，只敢自称为"对比分析"；或者即使自称是一门"学科"，却又拼命寻求什么更成熟的"语言学"做依靠，甘居"应用语言学的分支""比较语言学的分支"等地位，那就不会有什么方法论的考虑，也不需要有这种考虑。利宾斯卡说得好："要是在总体上只把对比分析看作一种方法，能使我们对两种语言间的异同有更清晰的了解，那这个任务很多方法都可以完成，就看研究者喜欢什么理论了。"

如果对比分析本身只是"方法"，那它所需要考虑的问题就是找个什么"理论"去依赖，就根本不存在方法论的问题。而西方的对比语言学地位长期未定，直至现在，仍处于"妾身未明"的状态，难怪方法论的研究始终没有人认真予以考虑。

中国的情况与此不同。从20世纪80年代以来，越来越多的学者呼吁将对比语言学设定为一门独立学科，但受到西方的影响，学科建设进程缓慢，对学科的定性拿不定主意；除此以外，还有学者考虑对比语言学的本体论，还未涉及方法论。原因在于，中国学者对于学科建设没有进行深入的哲学分析，对纯"形而上"问题的思索热情不高，因此无法很好地区分"方法"与"方法论"，在研究中将二者各自的研究方法混用。

（2）目的论决定方法论

在本体论中，对方法论影响最大的是学科的目的论。方法都是为目的服务的，想达到什么目的就会采用最容易达到这个目的的方法。如果目的只是说出两种语言的异同，帮助外语教学，那就会采用结构主义的方法（描写）；如果目的是证明语言表面"异同"背后的"普遍语法"，那就会采用转换生成语言学的方法（解释）。利宾斯卡曾指出：评价一种理论必须联系其想达到的目的。如果对比研究的目的是直接有助于外语教学，而语言又被看作一套系统，那么用结构主义方法列举出两种语言的异同点就已足够；但如果对比不仅是为了教学，还想有助于研究人类语言的普遍理论，而各种不同的语言又被看作某种共同的"普遍语言"的表面呈现，语言的性质与人类思维的性质密切相应，那么就会采用转换语法的分析框架。

在20世纪70年代末，很少有关于普通语言学理论的研究，因此利宾斯卡只列举了结构主义和转换语法两家。而在这之后，各种语言学流派纷纷建立，阐述各自不同的目标与内容，也因此有了更多的选择。就研究语言与思维的关系而言，认知语言学可能是比生成语言学更好的选择。

（3）语言观决定方法论

在本体论和目的论之外，语言观是方法论的决定因素。因为语言观决定了对学科本体论和目的论的认识。语言观是在学科性背后起作用的东西，不同的语言观决定了不同的语言理论和不同的对比语言学学科性质的定位。利宾斯卡说：不同的研究目标造成了不同的语言研究方法论，除此之外，不同学派的哲学观也产生了差异。而这种差异会影响到最终的研究目标。可以预想到，结构主义派强调的是语言之间的差异，而转换派会设法证明语言在本质上是"同一个模子里浇出来的"。由于美国描写主义植根于人类学，因而其不仅沿用了前者的一些研究方法，而且也接过了人类文化的差异多多少少反映在语言中这样的总体观点。结构主义者的主体哲学观是相对主义，他们通常接受沃尔夫-萨丕尔假说的弱式（甚至强式）。另外，转换派与当代哲学逻辑的发展趋势密切相关，它采用的是演绎法而不是结构主义派的归纳法，其哲学基础沿着笛卡儿的思维路线，是绝对主义：在高度抽象的层面，不同的语言都是一样的。因此其研究的主要目标就是寻找语言的普遍特点。

我们曾指出，利宾斯卡对于方法论的研究提出了很多真知灼见的理论，从这一节的三个方面都引用了她的话可以看出。即便是中国学者，也很少有人比她研究得更透彻、更清晰。但也必须指出，她在某些事实上的理解也存在偏差，如把美国结构主义学家与人类学家混为一谈。多年前我们自己在学习普通语言学时，教科书上告诉我们的也是"萨丕尔与布龙菲尔德同为美国结构主义的鼻祖和代表"，想来这观点也是来自西方像利氏这样的语言学家。现在我们已看得很清楚，结构主义语言学与人类学语言学完全建立在对语言的不同理解上：一是自然科学式的理解，二是人文科学式的理解。而转换派在将语言当作自然科学研究对象时却与结构主义派毫无二致。此外，利氏认为转换派研究的主要目标是寻找语言的普遍特点，那也是错误的。转换派想要找到的不是"特点"而是"规则"和"原则"。想寻找共同"特点"的反倒是她所批评的人类学语言学始祖之一、人文主义语言学家洪堡特。由于她有这些错误理解，加上她所处的时代，因而我们对她的过度拔高转换生成语言学也就可以理解了。当然，这并不影响我们对她有关方法论的精彩论述的赞赏。

2. 选择性原则

背景性原则是强制性的，一旦背景确定，研究者也就没有多少可供选择的了。这种强制性最容易在对别的研究者所使用的方法论的观察上看出来。而选择性原则是一种主观性原则，充分考虑到了研究者的主观能动性。

（1）研究理论的选择性

研究者的第一个选择是对语言观和语言理论的选择。由于从总体上说，方法论取决于本体论，因而研究者的第一步，与其说是选择方法论，不如说是选择本体论；与其说是选择本体论，不如说是选择语言观和语言理论。语言观和语言理论是两个层次。语言观是最高层次，从本质上来看只有三种：或是着重语言的自然属性，把语言看作自然科学研究的对象；或是着重语言的社会属性，把语言看作社会科学研究的对象；或是着重语言的人文属性，把语言看作人文科学研究的对象。语言理论是第二个层次。三种语言观是从大的格局上来说的，未必人人都坚持得非常彻底。对三种语言观的细分、排列和组合，可以形成形形色色的语言学理论。例如，强调语言自然属性中的系统性的，形成了结构主义理论；强调语言自然属性中的人的生物性的，可以形成仿生语言学；强调语言社会属性中的人际交往性的，可以形成交际语言学；强调语言人文属性中不同侧面的，也可形成文化语言学、人类学语言学；等等。对比语言学在本质上同形形色色的语言学处在同一层次，对比语言学在形成过程中首先受语言观的指导，但同时也会受到既有的种种语言学理论的不同影响。因此，研究者对于这第一步的工作必须非常重视。对比语言学研究者以前很少重视语言哲学问题，很少认为语言观的思考与学科发展息息相关。这是这一学科发展缓慢、缺乏深度的重要原因。由于语言观不清晰，对比研究的本体论与方法论也就无从去进行把握了。

（2）研究层级的选择性

语言观一旦选定，可以说方向性的问题已经确定，以下的选择都是具体"路线"上的。当然，这些路线问题的选择很多还是离不开本体论的。研究者首先可以在研究层级上做出选择，即在"理论""应用""实践"三个层级上（包括语言哲学是四个层级）确定自己的主攻方向。因为理论研究与应用研究、实践研究的方法是不同的，如理论研究可以用宏观方法，而应用研究和实践研究一般多用微观方法。

（3）研究层面的选择性

其次可以在研究层面上做出选择。本书提出的语言定义的特点是包容性大，因而对比语言学所涉及的范围也大。把语言当作符号系统（自然属性）、交际工具（社会属性）、民族精神的体现（人文属性）进行对比是大的划分，还可进一步划分成语音层面、语法层面、话语层面、语篇层面、文体层面、风格层面等进行对比。当然还可以分得更细，如语法层面下划出句法和词法等。研究者在这些方面都有进行选择的自由。而不同层面的选定相应也就确定了不同的研究方法。例如，从三个大的层面来看研究方法显然不同，而即使在小的层面，如语音和语法层面，其研究方法也不相同。如考虑到对同一对象（如语法）从三个不同层面（自然、社会、人文）去进行对比研究，方法上更会有差异。

（4）研究向度的选择性

研究者在研究的向度上可以做出选择。对比研究的向度大体有单向、双向和无向（从"中立项"出发）的区别。单向还有从 A 语言到 B 语言，以及从 B 语言到 A 语言的区别；无向还有双语和多语的区别。研究者对这些都有选择的自由。但这种选择与研究者自身的知识结构有关（如只懂双语者自然无法进行多语种间的对比），也与研究目的有关（如进行汉英对比是为英语教学还是为汉语教学服务），更与对学科本体论的认识有关。后面我们对此还要讨论。

（5）研究方法的选择性

在研究方法上，研究者可以选择的余地就更大。我们之所以在本章中要严格区分方法与方法论，就是因为方法的多元性和开放性。方法论是受限的，方法是不受限的。属于学科的方法论，则本学科的每位研究者都得考虑和做出选择，回旋余地很小；而不属于学科方法论的一般方法，研究者就可以完全从自己的角度考虑是否要采取，以及怎样采取。

（6）研究模式的选择性

我们把研究模式定义为方法集，这是研究者在大量实践基础上对前人，特别是对自己的经验体会的总结和提升，对学科的发展和深入、对后继者的培养和启示有着重要的意义。这是中外对比语言学发展史上比较薄弱的方面，有待在今后加强。在这方面，所有的研究者都大有可为。

3. 同一性原则

如果说方法论三原则中，背景性原则是客观的强制性原则，选择性原则是主观的自主性原则，那么在某种程度上，同一性原则是对选择性原则的主观限制，因为实际上，研究者在研究的选择上并没有绝对的自由，多少都会受到某些制约。

（1）理论的一贯性

说到理论的一贯性，有人马上会想到运用某种现成语言理论时的前后一致性。例如，不要在同一个研究中前后运用不同的语言理论，最好一开始选定某种理论，研究中用到底。因此我们不赞同先定课题再找理论的观点，因为这有可能造成机会主义的研究态度。这从单篇文章来看也许还看不出，把同一作者的几篇文章放在一起就有可能造成理论上的前后矛盾。

但是我们主张的要点还不在此。我们认为，对比语言学既然在性质上就是普通语言学，它不是任何一个二级学科语言学（如应用语言学）的分支，也不从属于普通语言学的某一理论学派（如生成语言学），它就不存在对某一派语言学理论"从一而终"的问题。在对比语言学的学科建设中，我们应该秉持宽容的态度，积极吸收各种语言理论的优点，兼收并蓄、开放多元。这也是我们支持"理论和方法的多元化"的主要原因。"理论和方法的多元化"不仅是整个学科的发展前景，也值得每一位研究者积极尝试。因此在不同层级、不同层面、不同对象、不同目标上采用多家理论和方法来进行对比研究可以说是必然的事。但是，这种多元化是对各家理论的吸收与融合，不是简单拼凑，理论还要经过研究者的思维创造，才能在原有基础上形成适用于学科建设的新的理论体系。这才是理论的一贯性的真正含义。

要做到理论的一贯性，我们一方面要支持一以贯之地引进、运用国际上最新的语言学理论，推动我们从事对比研究；另一方面更要大力支持"化入、创生"国际语言学理论，积极创新对比语言学以及包括汉语在内的普通语言学理论，大兴重视理论研究之风，大兴创新研究之风。

（2）材料的同质性

材料的同质性是研究过程中对选用材料的约束。前面我们曾对"共时"和"历时"进行过区分。从本质上来说，索绪尔的"共时""历时"之分是为其建立"共时语言学"服务的，因此只有"共时"是相对清晰的，"历时"的概念却相对含混。实际上"历时"是相对于"共时"而言的，只是"共时"的陪衬。这才出现了上面有的学者说的"不能拿中古英语与现代汉语比，也不能拿上古汉语与当代英语比"这样似是而非的话。在语言学上，由于历史发展的差异性，除了"当代"之外，几乎不存在历史上的"共时"对比的可能性。例如，我们不能将历史中的某一特定时间段当作比较的标准，否则将出现用莎士比亚的英语与汤显祖的汉语对比的笑话了；同样也不能用相对的"历史时期"作为标准，如"同在中世纪初期""同在资本原始积累时期"（要是这样的话，拿来与"现代汉语"比的，不该是"当代英语"，而应是培根时代甚至更早的英语）。同时，"共时"的语言材料也是"历时"堆积的结果，"现代汉语"里的成语有的可追溯到一两千年以前；"当代英语"中，也有大量几百年前钦定版《圣经》英文的遗留，这些都已经融合在两种现时语言里，我们很难再在里面区分出"共时""历时"来。因而我们主张，在对比研究中，要严格控制这对概念的使用，把"共时"确定为某一语言在某一时期的现存状态，把"历时"确定为某一语言本身发展和演变的过程。"共时"与"历时"都是就某一语言自身而言的，而在语言对比中，我们以"同质"来取代之，以"同质"材料作为对比的材料。这个"同质"，既可能是相对的"共时"，也可能是相对的"历时"。根据前者，我们就既可以把"当代英语"与"现代汉语"进行对比，在需要的时候，也可以与几百、几千年前的汉语对比，如马建忠的《马氏文通》，不就是在将唐以前的汉语和19世纪的欧洲语言做比较的基础上完成的吗？因此，我们完全可以将三千年的汉语发展史与一千年的英语发展史进行对比，这是符合方法论要求的。

"同质"的对立面是"异质"。坚持同质材料的对比研究，当然就要反对异质材料的对比研究。那么什么是异质呢？从上面分析可知，相对的"共时"和相对的"历时"分别进行比较都属于"同质"，那异质就只能是相对的"共时"与相对的"历时"直接进行对比。凡是"共时"都带描写性，凡是"历时"都带解释性，因此，凡是将描写的材料与"解释"的材料做对比的就是异质。比如说现实英语中有某种现象，但在现实汉语的描写中找不到，于是经过一番"解释"，说在汉语的历史上可能有，或将来可能有，或"按理"可能有，然后造出一些"读十遍就能读通"的例子来与现实的英语例子对比，这样的研究就是异质的研究。

（3）领域的对应性

在对比语言学的学科体系上，我们将对比研究分为若干层级，如理论、应用等，又分为若干层面，如结构、交际等，纵横交错加上语言哲学形成八个研究领域。对比研究者在从事对比研究时当然有充分的选择余地，但他同时也必须受到某种约束。表现在领域上，对比必须在对应的领域范围内进行。也就是，理论对理论、应用对应用、实践对实践。更进一步，结构理论对结构理论、交际应用对交际应用。一般来说，领域不能交叉，不能用一方的结构理论研究成果来对比另一方的交际应用研究成果，指责后者所存在的"问题"。甚至在对比中所运用的理论也是如此，都应该控制在相应的范围。在同一个领域，研究"同质"的语言材料，应该运用同一个理论。不能对甲语言材料用一种理论去解释，对乙语言材料用另一种理论去解释；也不能用甲理论的证据去批驳乙理论的证据，每一种理论都只能在本理论自身范围内检验其适应程度的大小。

（4）层面的递进性

一方面，我们必须指出，这些领域共同组成对比语言学的学科体系，不是纵横交错的简单结果，不是贪大求全的大杂烩，而是具有严密的体系性的。这种体系性体现在两个方面：一个是包容性，另一个是层次性。这都与我们对语言本质的深刻认识和定性有关。因而目前的这个对比语言学体系，只能建立在人文属性是语言最本质属性这个认识的基础上。只有这样的认识，才能容纳并接受在一定程度上从自然属性出发去看待语言，并对语言进行自然科学式的研究;也能容纳并接受在一定程度上从社会属性出发去看待语言,并对语言进行社会科学式的研究。反之,如果坚持语言只有自然属性,只能用自然科学的方法去研究,就不会有容纳从社会科学或人文科学角度去研究语言的雅量,就不会有社会属性和人文属性的内容。

另一方面,我们又必须指出,这些领域实际上并不是处在同一个平面上的,而是有着层次性或递进性的。从理论到实践是"指导"关系,即语言哲学指导理论研究,理论研究指导应用研究,应用研究指导实践研究。从人文属性到自然属性是"管辖"关系,语言的人文属性对社会属性、社会属性对自然属性有"管辖"关系。因而,在语言学(包括对比语言学)的整个体系中,从自然属性出发的研究要"服从"从社会属性出发的研究,进一步更要"服从"从人文属性出发的研究。以语音研究为例,语音学是从自然属性出发的研究,音位学是从社会属性出发的研究,韵律学是从人文属性出发的研究。因而,韵律学可以"管辖"音位学,音位学可以"管辖"语音学;反过来,语音学的研究结果必须"服从"音位学,音位学的研究结果必须"服从"韵律学。语法研究中,句法学、语篇学(包括篇章和话语分析)、广义的修辞学之间的关系也是如此。中国对比语言学家的表层、中层、深层的提法其实是有道理的,只是从策略出发,我们不主张过分强调。

分析结果表明,在对比研究中虽然研究者有选择领域的自由,但这种自由不是绝对的、孤立的,多少都会受到整体的制约。每个研究者在选定领域时,还要考虑这个领域在整体中所处的地位,使自身的研究能够对整个学科建设有所贡献。

二、方法论问题

我们将从哲学和历史的角度,讨论在对比研究中几个重要的方法论问题。

(一)对比研究的出发点

第一个是对比研究的出发点问题。这是每一个研究学者所面对的第一个研究问题。出发点问题的研究,对于结局甚至整体都有重要的意义与作用,有时候从一开始便注定了应有的结局,因此必须谨慎研究。出发点问题主要有以下几种。

1. 从体系出发

这可以说是结构主义的特色。我们只要看拉多提出的对比模式,就可知道这在20世纪50年代以后对比分析的初期曾是一个重要的、主要的（如果不是唯一的）、被寄予厚望的模式。拉多模式的要点就在于：①认为结构是语言研究的核心，也是外语学习的核心，因此语言的异同问题可以通过结构对比来解决；②对比只要将两种语言的结构拿出来，进行平行比较就可以了；③这样发现出来的"同"无足轻重，而"异"对语言学习就有着切实指导意义，是编写外语教材的依据。事实证明，这一理解从理论上说是错误的，从实践上说是不可行的。

理论上的错误在于学习语言的核心并不完全在语言表面的结构。从表层讲，语言学习是为了与说不同语言的人们进行交流；从深层讲，语言学习是为了学习不同民族的人认知和表述世界的方式。在这个过程中，语言的结构是重要的，但不是决定性的，学习外语时发生的错误有的与结构有关，更多的未必跟结构有关。仅从结构着手，只能达到事倍功半的效果。对比研究的实践证明了这一点。西方第二期与中国第四期对比研究的最终淡出，主要原因就在于这一模式未能实现预期的目标，它以热心地宣告要为外语教学服务始，却以在教学中的作用"极其有限"终。因而整个西方第二期对比研究的失败不是对比语言学的失败，而是以拉多为代表的这种对比模式的失败。

最致命的体现在实践上，拉多就斩钉截铁地指出，对比必须以对两种语言的语言结构进行充分的描写为前提，如果没有描写，对比前应首先完成描写才可。但很多研究学者显然将这一点忽略了。世界上很少有几种语言具有完整的语言结构的描写，人们之所以能将它们归入不同的"语系""语族""语支"……是依靠语言学家们对它们的"特点"的一些非常有限的描述或归纳。在一些似乎得到过"充分"或"比较充分"的描写的语言里，我们看到的是"希腊-拉丁"式语法病毒性的扩散过程。沃尔夫等西方有识之士早就说过，印欧语的模式只是人类语言结构的一种可能的模式，它需要有与其不同的模式做比较才能更好地发展自己。然而在世界语法研究模式"拉丁化"的过程中，这种模式已成了"唯一"的模式，有多少按照这种模式描写得"充分"的语言是真正符合本族语言特色的呢？在这样的前提下，所谓的"比较"或"对比"，只能在拉丁语法的框架内修修补补、拾遗补阙，在初级阶段的外语教学中也许还有点用处（这是我们不反对做这种比较的原因），对于达到对比研究的真正目的（沃尔夫或吕叔湘所说的）可能毫无用处。

而这种方法对于想要建立语法体系的语言来说是有害的。马建忠从西方的"葛郎玛"体系出发，想要将汉语语言体系全部包括在这一体系中，而容纳不了的，就称为"华文所独"。

体系对比的扩大就是语言学体系的全面对比，这也是拉多开的头。他在薄薄的一本书里对比了语音、语法、词汇、文字、文化五个方面。以后不少对比著作也都学他的样，一本书里面面俱到，什么都要比较，什么都不落下。由于"体系"总是浮在语言现象的表层，因而这样的比较往往流于浮浅，"同"未必真"同"，异也不能讲透。作为入门性质的教科书有时还有点用，但作为真正的研究是谈不上的。

2. 从范畴出发

由于认识到各种语言的结构方式各不相同，而除英语等印欧语之外多数语言还缺乏自己的结构描写，因此对比语言学的先驱们很早就认识到了从体系或形式出发进行对比的不可靠。叶斯柏森提出的解决方案是采取"从 I 到 O"的办法，即从"意义"经过"功能"再到"形式"；沃尔夫的解决方案则是从"范畴"出发。由于他们当时考虑的都是语法问题，因此，所谓"意义""功能"，其实是指"语法意义""语法功能"；所谓"范畴"，当然也是"语法范畴"，因而这两者其实是一致的。而"功能"后来在林语堂和吕叔湘的书里被称为"表达"。因而，这里所说的"从范畴出发"，与"从（语法）功能出发"和"从表达法出发"从某种角度看是一致的，我们也就放在一起讨论。

尽管叶斯柏森在他的《语法哲学》的最后一页才提到了这一新的语言比较研究的方法，但这只是从学科及学科方法论的角度来看是如此。从实际内容来看，其实《语法哲学》一书本身就是按这一思路写的，他提出了一些语法学中最常见的范畴，即人称、性、数、格、时态、否定、语气，乃至最常见的一些语法概念，如词类、句子等，探讨了它们在 20 多种语言里的表达方法，从而对这些语法术语、语法范畴本身进行了哲学的探讨。他的书没有以对比语言学命名，后人似乎也没有把它当作对比语言学著作看，然而这本书是最符合对比语言学精神的，因为他探讨的就是语法的本质。

除叶斯柏森以外，林语堂也成功运用了这一方法。1933 年，他出版了《开明英文文法》，第一次在双语对比的研究中使用了叶斯柏森的方法，同时也将外语研究与教学融入了双语研究中。他主要从语气、替代、指示、修饰、性、数量、比较、体貌、时间、虚实、关系等范畴出发，探讨了英语和汉语在表达这些意义时的特点，特别是指出了中国人在学习英语时容易犯的错误。由于林语堂采取了从表达出发的方法，从表面看来与一般语法书反其道而行之，实际上最符合外语学习的实际需要和规律，结果取得了教学上的极大成功。

反观西方，叶斯柏森之后，似乎很少有人沿着这个路子继续往前走。在英语教学上，英国后来出现了"功能教学法""情景教学法"，1976年，威尔金斯出版了一本《意念大纲》，也谈到了一些意念语法、功能语法、交际语法等，但只是英语自己在唱独角戏，很少见到什么人用这个原则来从事对比语言学研究。这未免是一个遗憾。

不管从结构出发还是从范畴出发，着眼点都还是语法，特别是句法。随着对比语言学的研究对象扩大到语篇和话语，这些显然都不够用了。相应的"篇章""话语"成了新的对比研究出发点。对比研究出现了新的面貌。但是，总的来说，还没有突破"结构""范畴"以及更广的"表达"的大范围。相对于吕叔湘的表达论体系，目前的话语对比和篇章对比，视野还较局促。

3. 从问题出发

从这方面进行研究的比较有影响的著作主要是潘文国的《汉英语对比纲要》，这本书对比了英语和汉语史，英语和汉语的语法研究史，英汉语各自的基本特点、基本结构单位、句子、语序、虚词、话语组织法、语言心理等几个方面，涉及内容很多，给人的感觉一方面觉得其中隐隐有个系统，另一方面又好像说不清是个什么系统，甚至对作者对比研究的出发点也难以归纳，好像无法纳入我们上面讨论过的任何一种。经过反复考虑，我们想提出一个不成熟的想法：是否能把这样的研究角度叫作"从问题出发"？因为宏观研究总是从一些比较大的，有时甚至是关系到全局性的问题着手的，很难用具体的范围去框定。提出"从问题出发"这个想法，也许有助于研究者打开思路，推动宏观研究的展开和深入。

（二）对比的方向性

第二个问题是对比的方向性问题。主要分为三种：①单向性；②双向性；③多向性。

1. 单向性

语言对比的方向如果是从一种语言到另一种语言，最大的可能性是从强势语言到弱势语言。这里的强势与弱势并不是指语言的数量，而是国际上的影响力和语言的成熟度。在当今世界，英语是强势语言，因此在单向性的对比研究中，只要两种语言中有一种是英语，那么从英语出发几乎是所有人共同的选择。

但这一选择违反了对比语言学的基本宗旨。

如果我们对比的宗旨是用英语语法和组织规律统一全世界所有语言的语法，或用英语的组织规律解释世界上的所有语言，那么这样做无可厚非；但如果对比的宗旨是研究清楚各种语言之间的异同,更方便地实现人际与文化交流,那么这样做可能会适得其反。

从英语出发去进行对比,一般有两种做法:

第一种做法,从英语形式出发或从范畴出发,去探求另一语言中的"对等物"。上面说过,另一语言是描写欠成熟的语言,语法术语等本来就不够用,英语如果提供了一些它原来所没有的术语,那就正中其意,愉快接受了。如果另一种语言又正好是像汉语这样的形态欠发达,甚至根本谈不上有什么形态的语言,那么在英语中的任何一个新术语,都能够在汉语中找到对应物。例如,英语有主语谓语,那汉语也可找出主语谓语来一一对应;英语动词可分及物、不及物动词,汉语也可找出相应的及物、不及物动词;英语语法讲深层结构、表层结构,那么汉语中也可找出深层和表层结构来;英语现在讲"空语类""移位",汉语中也可很方便地找到"空语类"和"移位"的例子。至于汉语中的这些主语、谓语等与英语中的主语、谓语是否是相同的,人们很少去问。一百多年来汉语语法研究始终跟着英语转,甚至到了亦步亦趋的地步,就是这种"对比"的结果。这种对比的结果使汉语语法呈现出了英语语法的面貌,难道这就是我们希望对比所达到的目的吗?

第二种做法,从意义出发,最常见的是翻译法,把一句英语句子译成汉语。由于汉语没有形态,因此词语、句子之间的组合十分灵活方便,对于直译的句子,汉语都可以理解。一时不习惯的,反正理解没有问题,也就让它存在了。

在20世纪90年代以来的翻译学研究里,美国翻译理论家凡努蒂痛感从非英语译成英语的文学作品,由于一直倡导"归化"的译法、"流利"的英语,结果完全失去了原作中的民族文化特色。为了改变这一现象,他提倡进行"异化"的翻译。几年后,为了避免"异化"引起的歧义,他更改为"少数化"。这使我们联想到,对比研究中处处从英语出发,也会在客观上造成或助长英语的语言和语言学霸权主义。

2. 双向性

双向性的对比研究也有两种。

第一种是回向性的对比,指的是翻译中的回译法。这是吕叔湘主张的方法。他也是经常这样实践的。而我们的主张,不用说,也是"少数化",即以弱势语言开始,译成强势语言,再回译成弱势语言来进行对比。

这种回译法的好处是可以使弱势语言的特征得到充分体现。

把强势语言译成弱势语言再回译,以英译汉为例,由于在第一次翻译时产生的已经是英语式的汉语（由于事先考虑到要回译，这种趋势还更强烈），因此回译时可以说毫无困难，基本上就是原来句子的样子。这时来进行"对比"，可以说已没有什么意义了。

3. 多向性

多向性是从"对比中立项"出发进行的对比。由于其不受语言多少的约束，因此可以在一个大题目下，多种语言共同对比。这种对比的最光辉例子，就是从洪堡特到叶斯柏森的哲学语言学。事实上，这也就是普通语言学建立的过程。因此我们说，对比语言学与普通语言学本质上是相通的。只要有了足够多的各种语言的知识，人们就能从双语对比逐步走向"从零到多"的多语式对比（或"比较"），"中立项"这时就会起语言类型学的区别标准的作用。普通语言学的大家，几乎都是多语言的精通者，就是一个最好的证明。

在美国，20世纪80年代之前人们对于句法的理论研究始终限于对英语的分析，一些语言学家认为，只有对语言进行详细的研究，才能从本质上了解语言的共性，此外，他们主张在研究中使用抽象结构的方法表达语言共性。这一观点直到20世纪80年代才开始有所改变，人们逐渐强调要对一系列广泛的语言材料进行考查。而这种考查的办法，就是将生成派从英语中研究出来的"原则"和"规则"，放到各种语言里去证实或证伪（其实"证伪"是说说的，多数情况下，经过如此这般的"解释"，一般都能得到证实）。这就是"从一到多"的实际例子。但是我们要清楚，这一路子与洪堡特创始的普通语言学是没有什么共通之处的。

（三）求同求异的方法论

我们从方法论的角度再来考查一下"求同"和"求异"的问题。同异问题是对比语言学学科的核心，再怎么重视也不过分。它既是本体论的问题，又是方法论的问题。本体论要解决 what 和 why 的问题，方法论则要解决 how 的问题。当然这两者是有联系的，本体论会涉及方法论，方法论也会折射出本体论。

从方法论的角度看，求同求异无非四条途径：①由同求同；②由异求异；③由同求异；④由异求同。

1. 由同求同

第一种"由同求同"，其实就是"普遍语法派"在走的路子，研究者们从"同"出发，通过比较最后到达"同"。这个"同"往往还是原先那个"同"，尽管从理论上来说，可以有"修正"或"补充"的可能，但从实际情况来看，"补充"是有的,因为又增加了一些语言的"证据","修正"对多数人来说可能未必。这种方法为对比语言学所不取。因为在这种研究中,"异"只是个幌子,在整个研究过程中,从开头到结尾,其实研究者从未真正把"异"当作一回事。而对比研究者所关心的另外一个方面,对比研究的实际应用方面,不论是语言教学、翻译,还是词典编纂等,从来没有进入过他们的理论视野。

2. 由异求异

第二种"由异求异"是一种走极端的研究方法。我们在上文说过,对比研究的第一步是发现两种语言的异同,再下一步就是两大语言学的分野:比较语言学会刻意走"由异求同"的路子,而对比语言学会努力走"由同求异"的路子。"由异求异"是一条什么路子呢?那就是极端夸大两种语言的差异性,而否认其共同性、互通性。洪堡特指出,"每个人都有一种语言""全人类只有一种语言",这两者是统一的。而刻意夸大差异并将之绝对化的人是只理解了前一半而忘了或不懂得后一半的人。沃尔夫-萨丕尔假说的"强式"很容易让人产生这种联想,这也是它不断遭到人们批评的缘故(其实这并非沃尔夫的原意)。对比语言学对于"求异"原则的反复强调,也会被人不恰当地联想为主张"由异求异"。但对比语言学从来没有主张过,我们一向主张对比研究异同并重,但任务有阶段性,各阶段的任务和侧重点并不相同。简单地说,在哲学层面更加注重"由异求同",而在理论和应用层面侧重"由同求异"。

3. 由同求异

第三种"由同求异"是对比语言学的基本的方法论。必须强调指出,"由异求异"是一种极端的思维方式,不可能是一种方法论。因为彻底地"由异求异",如同彻底地"由同求同"一样,本质上是不需要什么论证过程的,一句话就说到底了,也没有回旋的余地,剩下的只有对不同意见的反驳。"由同求同"者:我说某条规则是人类语言的共性,你说不是,举出某语言中某例是例外,我就通过"解释",证明这个"例外"归根到底并不是例外,我的"规则"还是成立的。"由异求异"者:我说某两种语言截然不同,你说不是,举出某对相似的例子,我就通过寻找反例,证明你这个例子不成立,我的观点还是对的。

而对比语言学主张的"由同求异"却有两个特点:第一,它具有方法论的意义,指导着研究的过程;它不是一个强词夺理、以反证取胜的论证方法,而是一个细心的、不断的研究过程。第二,求"异",甚至是彻底的"异",对于对比语言学来说,只是一个阶段性的成果。"求异"的成果可以有效地应用到语言教学、语际翻译、词典编纂等实践中去,但求"异"并不是对比语言学在理论上最终的追求目标。在最终的目标上,对比语言学主张"异中求同"。

"由同求异"不仅是一个原则,而且是具体的方法,具有实际的可操作性。在实践中,它总是兼顾"同""异"两个方面,而侧重点却始终在"异",或者"同中之异"上。对比研究深入的过程,就是持续不断地找"异"的过程、不断地在"同"的表象中看"异"的内涵的过程。

也就是说,在对比研究过程中,我们不轻易相信所谓的"同",凡是"同",都要做进一步分析,看看里面是不是存在着实际上的"异"。这也就是黎锦熙说的"所谓比较,重在异而不在同;唯其异,才用得着比较,或大同而小异,或小同而大异,或同中有异,或异中有同"的意思。只有不断地找"异",对比研究才具有理论和应用上的价值。这就是对比语言学反复强调"求异",或给人造成的印象只是"求异"的原因。

4. 由异求同

第四种"由异求同"是对比语言学在理论和哲学上的终极研究目标。这里的"同"与上面各条讲到的"同"不同。如果说上面讲到的"同"都是具体的"同"的话,这里的"同"却是个抽象的"同",是高层次的"同"。洪堡特下面的观点也许对我们会有某种启示:

要想充分认识到结构的差异,便需要采取第三种做法,即对本民族语言和其他语言具有强烈的意识。这种意识需要以更高层次的、能够统一本民族语言和其他语言的视点为前提,并恰好是在看似两种语言不可能相互同化的条件下有所醒悟。

在哲学理论中,越高层次的概念越是具有抽象性。例如"人",相对于"男人、女人、中国人、好人、坏人……"就是个非常抽象的概念("男人、女人……"也很抽象,但比"人"层次要低),我们很难描述"人"是个什么样子,只有具体的男人、女人……同样,在语言研究中,最高层次的"同",或是语言共性,也必然是个抽象概念,绝不是某些学者认为的用数学公式就可以具象描述的。凡是把共性解释为"规则"的观点,可以说在哲学上就是难以成立的。语言学上的共性只能是些抽象的原则、共同的原理、基本的规律,对它的描述只能是粗线条的。对比研究重在求"异",但它的最终目标却不是"异",而是"同"。不能为"异"而"异",对比研究不是要刻意制造不同文化、不同国家、不同民族、不同种族之间的矛盾和敌对,而是在了解"异"的基础上实现不同文化、不同国家、不同民族、不同种族之间的互补,更好地促进整个人类社会的发展和进步。对比研究，甚至整个跨文化语言研究，都应该以实现语言与语言、文化与文化、民族与民族、人民与人民之间的高度和谐和共同发展为最终目标。因此，我们追求的与其说是"同"，不如说是"和"。孔子说："君子和而不同。"具体的、绝对的"同"是不可求，也不可能求得到的。绝对地求"同"，只能是消灭差异、消灭分歧，只能意味着一种语言、一种语言观、一种语言分析方法，凌驾于其他一切语言之上，取代其他一切语言。这就意味着语言世界的纷争和人类社会的不太平。有人会以为这些话未免言之过重，但逻辑的推理只能如此。

因此，对比语言学的终极目标是求"和"，这也是本书的最终结论。

第四章　跨文化语用对比研究

通常情况下，人在两种文化背景大不相同的社会环境中生活过后，能够清晰地感知到两种不同的文化氛围，在这两种环境中人的说话方式也有明显区别。这种区别不单单指两者在语法、语汇或是语音上的区别，同时也说明两者在语码的使用上差异相当明显。

第一节　语言使用与文化差异

不同文化造成的语言使用上的区别往往是不被作为重点关注的，而在奥斯汀、塞尔、格赖斯、布朗及利奇等诸多学者提出了普遍的言语行为理论、会话原则及礼貌原则等言论后，人们对于以固定的方式进行交流似乎愈发地执着。虽然这种做法是以牺牲文化间的差异性为代价的，但是按照其追寻普遍性原则的根本目的来看，还是有一定的可取之处。而对跨文化交际来说，其对不同文化之间的差异性进行研究和探索的需求明显更加迫切。而在这些言论中提到的普遍原则，其本身定义的广度和深度是需要不断进行探索实践的。近年来，许多学者开始针对普遍性原则进行研究并予以批判，在跨文化交际领域也逐渐对语用方面的文化差异进行对比研究。这是一项新兴的研究方向，它的出现打开了人们的视野，使人们逐渐意识到语言文化之间的差异性。第一，说话方式之间存在的差异只能够在各自不同的文化环境中得到价值体现以及合理的理解；第二，在不同文化、不同社会、不同群体中生活的人们，以不同的方式说话；第三，不同文化的说话方式之间的差异非常明显，并且具有鲜明的系统性特点；第四，不同的说话方式之间的区别直接体现了人们在文化价值方面的观念差异。以上四种文化差异观点的提出，对于文化差异的研究具有重大贡献，不同程度地提高了人们对当下文化多元发展的世界的认知，对跨文化交际的研究具有十分重要的理论意义和实际意义。

跨文化交际背景下的对比语言学研究

一、社会语言差异

（一）社会语言相对论

一个社会的行为准则是能够通过社会群体中的语言交流方式得到体现的，这种行为准则也被称为社会规范，同时也作为"社会期望"存在于每一个不同的社会环境中。由于行为准则普遍存在于每一个社会群体，因此人们都会受到相应的规则限制，同时会对这些规则产生抵触心理或者对其表示服从。但有一点不会发生改变，那就是，当我们违反了这些规则，违反了社会对我们的期望时，我们都会受到不同程度的惩罚。惩罚的形式大多来自社会或群体的反馈，多以冷落、非议、责难甚至是法律上的制裁等形式出现。一旦人们轻视甚至无视社会期望以及社会规范，那么整个社会的生存状态是无法想象的。事实上，任何成员都要遵从其所在社会的规范，并且这种遵从通常是潜意识中的自主服从，是具有条件反射特征的。因为言语是一种社会行为，是受到社会规范的制约的，人们的言语行为也必须遵从其所处社会或群体的言语规则。

社会语言学者是大多数语言学者中，对言语的使用规则有过专项研究的一个群体。他们认为社会语言规则、说话规则是与交际发生的即时情景相关的，是受当时环境因素影响的，因此，语言使用规则之间的差异是由不同文化之间的社会规则和情景因素决定的。事实上，差异的存在是极具普遍性的，同时伴随着巨大的差异形态。这是社会语言差异方面普遍存在的现象，就是说不同的社会群体在社会语言规则方面存在着现实差异，这个问题是值得我们花费时间和精力进行更深层次的探究的。我们往往习惯在思想上感受不同文化、不同社会、不同言语社团在语言系统、语言能力方面的差异，但是我们却没有对不同言语社团间在社会语言规则方面所存在的差异进行重视。而当我们失去了对言语使用规则的理解和掌握能力，想要实现有效的跨文化交际是十分困难的。

人们在交际时，常常受到不同文化教育的影响而使交际无法准确地达到预期的效果，因此造成了多数人在交往过程中对社会规范、文化背景、价值取向方面存在的差异的认知并不十分深刻。社会语言规则或者言语使用规则是一种文化或一个群体中共有的对说话方式起到限制作用和规范言语行为的规则。这些规则的建立是为了制约人们在说话时对时机、说话内容、开始和结束说话的方式的选择等。在跨文化交际的过程中人们通常会下意识利用本国文化作为基本判断标准来对他人的行为做出解释和评价，这种现象被学者们称为"语用迁移"，这种主观的迁移使交际失败是事态发展的必然趋势，随之而来的将是十分明显的心理距离或社会距离的产生。语用失败是指语用迁移所造成的言语行为的施为之力丧失的现象，也就是违反社会语言规则所造成的现象，因此也被称为社会语用失败，语用失败的产生当然与社会语言差异直接相关。

如果社会语言规则或语言使用是以文化为基础建立并被人们所承认的，那么就等同于侧面确认了"社会的相对性"的存在，社会语言相对论的概念也是在文化相对论的基础上延伸出来的。在文化相对论的观点中，文化之间的差异被认为是普遍存在的，并且会出现在特定的文化中；引申出来就是指要用同一文化的态度、信仰、规范、标准描述相应的文化。这一理论的出现在一定意义上说明了广泛的文化价值观及文化信仰是不存在的。以文化相对论为主要方向对社会语言相对论的定义进行剖析，能够阐明的是社会语言相对论的内涵本身，也就是其规则上的差异是广泛存在的，并且这种差异会出现在特定的文化范围以及社会范围内，其社会语言规则或言语使用规则要根据其环境特性加以理解或约束。因此，不同的文化规则的使用法则要根据其发展环境进行发展，特定的文化环境要制定相应的语言行为规则。即便如此，我们也不对否定普遍性的社会语言规则或言语使用规则的存在持绝对否定的态度，而是简单地认为在跨文化交际的研究过程中，我们应该把社会语言规则的差异性特点放在首要位置。

（二）言语是社会关系的标志

社会语言学在经过一系列的研究分析后认为言语的发生是一种社会行为，同时认为，在言语发生的过程中，细节能够展示出社交双方的社会地位，言语间的讨论内容能够直接反映出双方的权力地位或者是否是对等关系。而"权势"所表达的含义是比较容易被理解的，其主要是指交际双方在社会地位方面有明显的差距，一方的权势要高于另一方，如上级对下级、长者对幼者、教师对学生等。相反，"平等"所要表达的内容就要难理解得多，这其中涉及交际双方能够共享多少经验或社会特征，如宗教、性别、年龄、种族等，甚至涉及了两者之间的亲密行为的共享最大化范围及其他相关因素。有许多学者认为"平等"关系在社会交往中是最常见的关系，一般情况下会被称为非正式关系，而在这种关系氛围中交际双方通常使用非正式的言语和风格。

"权势"和"平等"在每一种不同的文化中都是普遍存在的现象，任何文化和社会都有其独特的原则和方法来对这两种不同的社会关系进行体现。一部分社会在这两者之间的关系处理上以权势关系的处理为主，而一部分社会则以平等关系为重，甚至有一部分社会在这两者之间寻求平衡。因此，言语行为在很大程度上成为人际交往中"权势"关系的隐性标志。根据社会语言学家的研究，"权势"和"平等"关系较为充分地反映在人际交往行为的各个方面，其中比较突出地反映在下列言语行为方面。

1. 称呼语的处理

世界各国对于尊称、敬语或是谦称的使用是较为普遍的，但中国社会对这方面尤其重视。不管是在书面语言还是口语表达中，中国都始终秉承着礼貌的理念，因此礼貌称谓在中国的语言交流中是必不可少的，同时要在称谓中突出大家的身份地位，并且将人际交往中复杂的上下、亲疏关系清晰地体现出来。在汉语文化中，"他称"和"对称"的表达形式可谓多种多样，并且"自称"也拥有许多不同的形式。但在西方社会中，人们在称呼他人的时候通常都是直接喊对方的名字。

2. 动词的变化

合理地使用动词也能够在言语中体现社会关系。例如，在日语和朝鲜语中，"权势"和"平等"就是通过动词的变化来进行体现的，特别是在朝鲜语中，人们能够通过六种以上不同的后缀来对交际双方的社会关系进行体现。而爪哇语则选择利用词汇等手段来对不同的社会关系进行表示，"权势"和"平等"关系可以分别通过六种不同的风格来表示，但仅限于使用动词将每一种关系用特定的词汇手段进行表示。

3. 代词的分化

词的用法在日常交际过程中也是非常敏感的。在法语的语言习惯中，除了通过姓名、头衔来标志"权势"和"平等"关系外，人们还习惯于使用代词来对这两种社会关系进行表现。vous 常被用来指谈话过程中"权势"高的人，而 tu 则用来表示两者之间的"平等"关系。同样在中国社会中，根据语境的转换，人们对于"您"和"你"的使用也是根据对方的身份、地位来选择的。

4. 非言语行为的表现

非言语行为在对社会关系的表现方面是非常直观的，同时其表现能力也是十分显著的。在不同的社会群体中，人们对非言语行为的选择也不同，其中在交际中比较常见的有手势、姿势、体距、容貌、眼神、姿态、语气、礼节、服饰及场景等。而中国人对这种通过非言语行为来表示双方关系的方法显得十分重视。春秋战国时期的孔子对这种社交方式就十分重视，他讲求与人交流时要通过姿态、容貌等对人表示尊重，而非利用言语，主要推崇"察言观色"，在面对不同的人时要对自己的姿态和容貌进行相应的修饰，通过这种方法来拉近两者之间的距离。孔子提倡"礼恭",他认为只有"礼恭"才能够"辞顺",就是指在礼节上要做到谦卑恭敬,相互之间才能够报以尊重的态度,心态上平和才能让双方都能够投入谈话或讨论中。而若是没有对对方尊重,不顾及对方的感受,只是自说自话,满足了自己说话的欲望,那么整个说话就失去了原本的意义。《论语》一书中,有许多篇幅都在描述孔子在不同的场合利用不同的方法来与他人进行交际,他认为在与人交际时要掌握好分寸。在与长者说话时要心存恭敬;在朝廷上要多听他人谏言,尽可能少地发表言论;同大夫交往则温文而快乐,侃侃而谈;在君子面前要谨言慎行;与外宾交涉时要谨慎恭敬。

(三)语用迁移与交际障碍

1. 语用迁移及其后果

人们在儿童时期就开始在社会化的过程中有意识或无意识地学习了许多社会规范,而在成年之前基本上对于在何种场合说什么话、哪些话能说、哪些话不能说、跟谁说等规则都有所掌握,甚至还学习到了在特定的场合说什么内容、选择什么样的表达方式是礼貌、诚恳、友好的。那是因为人们在儿童时期就开始对这些言语规则进行了解,并日复一日地受这些规则的制约,从而产生了条件反射。并且他们在与不同文化背景的人交往时,通常会无意识地以自己接受的文化为基准对他人的言语行为进行判断和解读。而且即便你已经对一门外语掌握得非常熟练,当你用这门外语表达意图的时候,以这门外语为母语的人通常不太容易准确合理地理解你说话的本意,因为两者接受了不同的文化,这也就可能导致交流的结果成为理解事物,轻者是对方感到失望或震惊,严重的可能会使对方认为你在侮辱他,这样的误会将会直接使这场社交走向尴尬的局面。托马斯(Thomas)在对社会语言规则与跨文化交际进行研究时曾经说过,这种语用失误或语用失败的原因来源于语用规则的迁移,也就是说,当接受不同文化熏陶的人在交际场合直接将自己母语的语言翻译成目标语言,忽略这些话语需要遵循的交际规范时,往往会导致一种语言行为的实施在不同的文化中失去其原本的作用。

人们在交际过程中是无法每一次都能够成功的,因此在跨文化交际时,对于社会语言差异的敏感度较低,同时在潜意识中发生语用迁移,都将导致社交失败。人们对于本族的社会语言规则往往是在无意识中自然而然学习到的,并且会下意识地遵循这些规则,因此在跨文化交际的过程中,无意识地违反社会语言规则的行为也会经常发生。正是因为这种无意识地违反规则的行为经常发生,才导致许多无意间发生的错误的严重程度要远远超过违反语法规则的严重

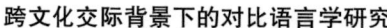

程度。这都是因为社交中的语法错误、词汇错误、语音错误等通常都不是造成对方失态的原因,大多数人都认为这是在语言文化学习过程中难以规避的问题,当出现错误时更多地表示体谅。但若是语言使用规则出现了错误,事情往往会变得棘手,并且难以解决。不适时的恭维或祝贺、对问候语的不恰当反应、不合时宜的提问、迟迟出口的道歉,都极有可能被误认为没有接受过素质教育,甚至被误认为故意冒犯他人人格。例如,当问起他人的工资时会被认为是侵犯隐私;问及别人的住房价钱时会引起别人的气恼;一个阿拉伯学生希望导师能对其学业成绩多多关照,会导致导师对其有消极的评价。这些交际失误、对交际规则的违反在很多时候都会被当作个人的行为品质违背常理,甚至会被理解为是不诚恳、不友好的行为。托马斯对语用失误做出过这样的评论:语法的错误可能会给对方带来不愉快,甚至会影响双方之间的交际质量,但是规则是不会受到人们意志的影响而改变的,听话的人会马上就感受到这些规则,并且当说话人的语法能力明显较弱的时候,听话人是能够理解并且体谅的。但是语用失误是与之截然不同的,如果一个人说起非本民族语言非常流利的时候,以该语言为母语的人并不会将其非常明显的不礼貌或不友好看作语言缺陷,而是会直接认为对方话语中透露着恶意和粗鲁。这也体现了语法错误可以表现出说话人对于特定的语言能力掌握得并不好,但是语用错误可能直接显示出说话人的人格是有问题的。

2. 交际障碍及其表现

因为语用迁移而导致交际失败的案例数不胜数。在中国文化中,人们经常会以"你吃饭了吗?""你上哪儿去?"等言语行为来作为问候语,以表示问候、打招呼,但这些问候语对于以英语作为日常语言的人来说,不但没有问候的意义,甚至会起到相反的效果。当美国人被问到"where are you going?"时他会很气恼,因为在对方看来,这是一种窥探其隐私的行为,会使其觉得自己要去的地方似乎是一个不应该去的地方。而"Have you eaten?"在某一特定场合可能会让美国人觉得说话人在邀请他去吃饭,但也有可能会使对方感到莫名其妙。在中国人的交际礼仪中常常会讲究"客气",在有人发出邀请去吃饭的时候,中国人往往会习惯性地说"不",这时候会被理解为"Please offer me again."的意思,但是在美国人的交际习惯中,这就是明显的拒绝。美国人在对他人发出邀请的时候,对被邀请人会表示十分的尊重,因此他们在邀请时会为了表示礼貌为对方保留余地,会说"Come when you want to.",但这在中国人看来就显得十分没有诚意。当中国人表示客气回答"Thank you. I'll try to come."时,美国人也会感觉迷茫,因为你没有准确地告诉对方你是否能够赴约。以上这些例子都是生活中非常常见的,之所以会产生这么多误会,是因为在不同文化环境下成长的人在交际时也分别遵循了各自的规则。

在不同文化环境、不同的社会群体中,人们在同一场合实施的同一行为,其含义和功能有可能是不同的,而具有相同功能的行为在实施的时候可能需要通过不同的言语行为来完成。例如,在美国文化中具有"恭维"含义的言语行为可以用来实现"评价""欣赏""开始谈话"等许多功能,同时这种言语行为还兼具"平等"建立人际关系的功能,是一种达成这种目的的手段,而如何理解这一行为的功能要根据当时的场景才能够确定。但这种"恭维"性质的言语行为在中国文化中并不是这种含义,而且其使用方法和使用规则也基本不同,一般体现在"反应方略""社会分布"、所涉及的"话题"以及协同过程等诸多方面。再比如说中国人和日本人在传统思想中就是习惯于尽量避免公开对抗,这也就说明了在这两种文化中,人们在拒绝他人时不会直接地表达出来,而是通过委婉的说辞进行拒绝。

在不同的文化环境中,即便碰到大致相同的交际情景,也不能够使用千篇一律的言语行为。其中比较常见的情况就是对于他人的帮助做出回应。在美国文化中,当人们占用其他人的时间或者得到他人帮助时通常会习惯性地说出"谢谢",而在日本文化中,道歉反倒成为他们日常中较多选择的言语行为,他们会说:"很对不起,给您添了不少麻烦。"而在表达"拒绝"时,也会因文化不同而有差异。日本人在表达拒绝时,拥有较高地位的人通常会采用省略道歉或表示遗憾的方式,社会地位较低的人则会选择许多不同的用来表示歉意的语义结构以示拒绝。在美国社会中,社会地位因素在众多因素中所占的地位相对来说并不高。在美国,社会地位因素显然不是那么重要,大家在表示拒绝时选择的语义公式基本相同,只有在对"陌生人"和"知己朋友"表达拒绝时,会因为协同程度的区别而产生细微的差异,产生这种差异的原因是"知己朋友"的角色关系相较于"陌生人"更加稳定,也更加有亲切感。

在跨文化交际中,大多数交际失误通常都是因为对于谈话内容和话题的选择不恰当,因为在两种文化中,一方习惯的交际话题有可能是另外一方不愿意在交际中触碰的话题;同样在一种文化中涉及的内容也有可能是对另一方隐私的侵犯。如在中国文化中人们可以相互谈论或询问关于收入、工资、信仰、宗教、婚姻等话题,这是社会关心的一种表示;但类似的话题在说英语的国家却构成对个人隐私的侵犯。

二、合作原则及其文化差异

（一）关于合作原则

在语用学领域，有关会话结构方面的研究成果有很多，其中会话如何得以开展、如何开始谈话、如何引起别人兴趣、如何澄清问题或弥补、如何遵循毗邻对偶及依次发言规则等问题都被划分到制约会话规则的内容中。这些研究成果在某种程度上是具有一定普遍性的，但是这些规则的制定是否对任何不同文化的会话行为都适用是有待考量的。经过细致的研究和分析就应该会发现，这些规则在某种程度上是以西方文化事实为基础，或以类似西方文化的社会现实为考量的。不同的言语群体通常会具有其特殊的规则，也就是说，人们指定的会话交往规则是随着参与人的文化背景而变化的。这也就说明了不同文化背景的人们在交流的时候总是会无意识地产生误会，人们在无意识的情况下将本民族的交往规则进行学习并养成习惯，而与在其他文化背景下成长的人们交往时往往会下意识地利用这些规则来理解对方的行为。

就目前会话规则的研究领域而言，格赖斯提出的会话合作原则影响最大。他将言语行为理论的研究从单句的层次延展为更高层次的会话活动，使语言活动与社会情景产生紧密联系，因此他的研究成果对于会话合作原则的研究具有一定程度的指导意义。人们在进行会话时没有选择用一串前后语义不互相连接的语句来组成谈话内容是因为交谈双方在下意识地遵守某种约定俗成的规则，两者相互配合的行为就是在遵循合作原则。他指出合作原则包含以下几条准则：

1. 关联准则

说话要相关、切题。

2. 量的准则

①所说的话达到现时交际目的所要求的详尽程度。

②不要使说的话比所要求的更详尽。

3. 方式准则

①避免晦涩的词语。

②避免歧义。

③说话要简洁。

④说话要有条理。

4. 质的准则

①不说自己认为不真实的话。
②不说自己没有足够证据的话。

格赖斯认为，在这些准则中，其重要程度的占比是不同的，最重要的应该是质的准则。他又指出，这些准则使谈话双方具备使用"会话含义"的能力来解释对方的话语内容，以达到对暗示意义的理解。假如一个人出于礼貌或语境的需要，说了一些违反合作原则的话，而又让对方觉察到他故意违反了合作原则，那么他就迫使对方透过话语的表面意义去领会话语中蕴含的深层意义。

人们在会话交流时选择一些互相连贯的语句来组成他们的表达，是为了使交流更加顺畅，并且双方在交流过程中，下意识地遵循了某种规则也是相互配合产生的结果，这在交流中是非常合理且正确的选择。然而，会话准则在多大程度上适用于所有的语言是值得商榷的，也就是说，这些准则在多大程度上适用于其他文化是值得进一步研究和探索的。尤其对跨文化交际研究来说，对其差异的探索似乎更为重要。因为不同的社会在文化取向、价值体系以及生活方式和社会语言规则方面存在差异，这一点已成为人们的共识。"会话含义"理论也值得考虑，因为说话人识别"会话含义"的能力是以具有共性的会话合作原则为基础的。

（二）合作原则的文化差异

人们在进行语言交际时，更加需要并且注重的是交际双方之间的配合，在交际中只有单方面有交际意愿是远远不够的，至少还要有他人愿意接受你的交际，甚至偶尔会出现对方不愿意但也无法避免听你说话的情况。然而格赖斯在合作原则中所提到的那些准则也并不是适用于世界上任何一个国家或任何一种文化。在不同的社会文化中，每一个社会中的人们制定了不同的文化交流的基本准则。而通过学习合作原则我们可以发现，其中的内容是以西方文化为基础建立起来的，是遵循西方言语交际通行的模式的。事实上，不同的文化群体有不同的标准。同样的一句话在不同的社会文化中具有不同的含义，例如，一些典型的东方国家，受传统差序格局的影响，在某些时候，谈话者的"权威"就代表了许多信息。而在社会交际中，社会地位的高低和提供的信息量是成反比的，即社会地位高的人反而透露出的信息很少。在社会交往中，人际关系较为固定，地位较低者会对地位较高者产生依赖性和顺从性。这种情况下，人们对于遵循"关联""量"以及"方式""质"这些准则相比于西方人会有很大不同。通常来说，在多数场合中他更加关注语言交际时的"方式"，而忽略其他准则，但他们所注重的"方式"与格赖斯提出的想法也是有区别的。

1. 关联准则

这里说的"关联准则"讲求说话时要相互关联、围绕主题,不能没有中心、没有思想地随意发言。在如中国、日本等东方国家,人们在交际时往往不会直接切入主题。在说话时通常会先说一些不相关的话题作为铺垫,主要是为了营造和谐的氛围,创造一个最佳语境,当认为气氛合适的时候再谈论正题,因此在交际中会出现"闲话少说,言归正传"的提示。而在交谈的过程中,适当地说一些无关紧要的话题也可以起到调节气氛的作用,这种方法也有利于谈论主题。这些语言行为习惯是与其文化密切相关的。如果一个人在说话的时候总是直截了当地将想要谈论的事情讲出来,往往会被认为是一个功利、急躁的人,进而给人留下不成熟的印象。特别是在"权势"关系中,通常由地位较低的一方提起一些对方喜欢的话题而开始两个人的谈话,逐渐找到一个时机切入正题,而地位高的一方则可以随意扯开话题,控制谈话走向,甚至会显示出漫不经心的状态,这就是显示其权威的方式。而这些都是不同于格赖斯的"关联准则"的,甚至可以说是另外一种"关联准则"。

2. 量的准则

"量的准则"指的是对所说的话的真实内涵的详尽程度进行合理范围内的要求,在表现交际目的时要适当地提供信息,对信息的提供量要有所把握。基南在对马尔加什的语言使用情况进行一定考察后提出,格赖斯的量的准则对那里的社会是非常不适用的。在那里,人们通常会将信息的流通渠道垄断,以这种方式来达到维护自己地位与威严的目的,绝对不会因为在谈话过程中有人对信息感到好奇并加以询问就随意地散播出去。从西方文化的角度来看,马尔加什人在说话的时候所提供的信息通常都无法达到对量的最普通的需求,但是以格赖斯的理论为基础来看,这就足够产生会话含义。在马尔加什人的本土文化中,他们普遍认为这种说话方式是正常的,那么会话含义对于他们来说根本就是没有意义的。特别是像中国和日本这样的东方国家,受到本土的传统文化的影响,言语行为在习惯和规范上对环境是具有高度依赖性的。许多信息都存在于环境中或"不言之中",而"意会"则是人们在获取信息时必备的基本手段,这种获取信息的方式与西方人依靠"言传"获取信息的方法形成了非常强烈的反差。因此,当处于这种交际情况时,若以西方合作原则中的"量的准则"来对东方人的会话交往行为进行约束也是不合理的。

3. 方式准则

"方式准则"要求说话时尽量不要选择那些晦涩难懂的词语，多使用通俗易懂的语句，避免在理解过程中出现歧义，导致会话双方的理解不同。在说话时要条理清晰，说话内容避免冗长繁复。在中国传统文化中，"和"为主流文化，"和为贵"就是在这种文化语境中经过长期沉淀后提炼出来的价值原则。这种原则的诞生使所有具有维持和谐的功能的言语行为得到了鼓励，同时也提倡了这种行为的可行性。人们在交际过程中，为了维持两者之间"和"的状态，通常倾向于在表达时采取委婉、迂回的态度。在我们的文化语境中，如果说有什么关于说话方式的准则的话，那一定与格赖斯提出的"方式准则"有所不同。

总而言之，格赖斯的合作因素是不包含语境因素的，在这个原则中每一项准则都透露着西方文化的价值观念。这是一个关于人类合作行为的普遍原则，甚至可以说是针对英国、美国的原则。对于非英语文化的语用状况，目前为止在语言学界还没有人系统深入地对其发起过研究。而在实际交际中，不遵守合作原则是普遍存在的现象，大量的言语交谈都在说明：合作不必是原则。

4. 质的准则

"质的准则"是指自己在没有心理依托、没有足够证据的时候不能说虚假的话，在提供信息的时候要确保信息的准确性。但是这一点并不是完全适用于所有社会群体的。当中国人在表示"不"的时候，其真实的意思可能是"是"，中国人大多遵循着"礼多人不怪""亦此亦彼""无可无不可"的思想。当阿拉伯人说"是"的时候，其本意可能代表着"也许"，当他们说"也许"时，意思可能是"不"，他们很少用"不"字来回答对方，因为在他们的文化中这是不礼貌的行为。在印度一些地方，当行路人向当地人打听到某处有多远时，得到的回答很可能是"不远，走一会儿就到了"，而实际上往往要走上好几个小时，甚至一整天才能到达。质的准则在这儿好像不起作用，当地人都知道，他们之所以这么说只是因为不想让行路人因为路还很远而丧气、失望。同样的情况也存在于墨西哥。墨西哥人倾向于让人高兴，为此他们不惜说一些与事实相反的话。如有人问路，墨西哥人即使自己根本不知道路径，也常常会以一副很有把握的样子告诉别人该怎么走。事实上，在几乎所有文化中都能找到违反所谓"质的准则"的情况，所说内容常常会与客观事实有程度不同的出入。

三、礼貌原则及其文化差异

（一）礼貌原则

1. 利奇的礼貌原则

利奇表示非常赞同格赖斯从会话原则的角度对语言使用的研究方法进行考察的做法，他甚至认为合作原则能够辅助说明语句的意义与语句的作用之间的关系。尽管如此，合作原则本身仍旧不能对人们为什么会选择间接表达内心想法的做法做出解释。因此利奇提出了礼貌原则，并且将它看作合作原则的必要补充。以下就是利奇为了对观点进行说明所举的例子。

A：We'll miss Bill and Agatha, won't we？
B：Well, We'll all miss Bill.

这里 B 的话语显然违反了合作原则的量的准则，因为 A 是要求 B 确认或否定其观点，即我们大家都想念 Bill 和 Agatha，然而 B 的回答只表示同意其观点的一部分。按照合作原则，B 的回答应如下：

B：Well, We'll all miss Bill but not Agatha.

可是，这样做可能就对第三者（Agatha）显得很不礼貌，也对在场的 A 或其他人不够礼貌。因此，为了遵守礼貌原则，B 才没有提供更多的信息。这个例子表明，表面上说话人违反了合作原则，但从礼貌原则来看，还是可以认为说话人遵守了合作原则。从这个意义上来说，礼貌原则可以弥补合作原则的某些不足。

综合上述内容来看，礼貌原则是指在交谈过程中，说话人要减少甚至避免许多不礼貌的信息，尽可能地选择和使用礼貌的信息和语言。礼貌信息的选择和使用能够使听话人或者第三者感到愉悦，反之则会令人感到不适，甚至对听话人的心情、感官等产生影响。礼貌的行为、语言通常会对交际双方的关系产生积极影响，但说话人大多也会选择向不论在场与否的第三者表示礼貌。因此我们能够看出，礼貌本身是不对称的，笔者认为的礼貌或许对于听话人甚至第三方是具有合理性的，然而对说话人可能是不具有礼貌意义的。利奇认为，交际的双方总是尽量多给别人一些方便或使对方受益，尽量多让自己吃一些亏或受损，以求获得对方对自己的好感。但是，这样就形成了交际双方的一种非对称关系，即对听话人来说是受益的语言对说话人来说是受损的，即听话人越受益，说话人就相应地越受损，而礼貌的程度就越高，礼貌的等级也越高。说话人总是通过牺牲对自己的礼貌来换取对听话人的礼貌，就是努力使用恰当的语言来增加自己的受损程度，以求提高听话者的受益程度。从利奇的角度看，礼貌的意义就是要尽可能地增加他人的利益，甚至在一定程度上可以通过牺牲己方的利益来完成所谓的礼貌，因此在两者之间的关系上就显示出他人收益和自己吃亏是成比例的。语句的礼貌程度取决于对听话人是否有益，两者是成正比的。因此以语句的内容含义不变为前提，选择间接的语言表达方式在一定程度上可以提高言语中的礼貌程度。以上述观点为基础，利奇为礼貌原则制定了六条准则。它们分别是：

（1）同情准则

①尽量减少自己与他人之间的不和。

②尽量增加自己对他人的同情。

（2）赞誉准则

①尽量少贬低他人。

②尽量多赞誉他人。

（3）宽宏准则

①尽量少使自己得益。

②尽量多让自己受损。

（4）得体准则

①尽量少让他人受损。

②尽量多让他人得益。

（5）一致准则

①尽量减少自己与他人的不一致。

②尽量增加自己与他人的一致。

（6）谦虚准则

①尽量少赞誉自己。

②尽量多贬低自己。

2. 礼貌原则的局限性

在利奇看来，礼貌原则的各准则尽管在不同文化中的地位有所不同，但除了量的差异，它们从本质上讲是普遍适用的。然而事实情况似乎并非如此，利奇提出来的礼貌原则也是建立在西方文化的基础上的。

以"赞誉准则"为例，它要求语言交际者尽量减少对他人的贬损和尽量增加对他人的赞誉。可是，据调查，在日本文化中，赞扬他人（尤其是直接赞扬他人）的做法往往会被认为是傲慢、冒昧的行为。再看"谦虚准则"，它要求说话者尽量减少对自身的赞誉和尽量增加对自身的贬低。但是，在美国黑人文化中，这条准则似乎不大起作用，自我赞扬在人们的交际中经常发生。还有"一致准则"所要求的尽量减少自己与他人的分歧和尽量增加自己与他人之间的一致，也是有其文化局限性的。在犹太文化中，人们常常用说"不"而不是说"是"、用与人争论而不是用表达赞同来拉近交际双方的距离，增进相互之间的了解。在奥地利，交谈中的争论是家常便饭，并不被视为不礼貌行为；相反，回避争论却有可能被看作不愿与人深交。

徐盛桓曾批评礼貌原则中"尽量多""尽量少"的提法过于绝对，不具有利奇本人所期望的普遍适用性。例如，赞许和同情通常都是人们愿意接受的交际中的情感传递，但是对于这种情感传递的尺度一定要掌握好，过分地赞许和同情反而会达不到想象中的效果。此外，利奇把"得体准则"置于礼貌原则中，将其与其他准则放在同等的地位，实际上是降低了得体作为语言使用基本要求的重要性。而且从语言交际的根本目的来看，说话的得体不仅仅是出于礼貌，更重要的是要取得最佳的交际效果，因此得体所覆盖的范围恐怕要比礼貌大得多。有时候，得体的话语不一定都是礼貌的，有的甚至会带有攻击、挑衅、讽刺的意味。

在利奇的思想中，像命令这样的言语行为是具有不礼貌的性质的，而像为他人提供帮助等延续行为就是具有礼貌意义的。这样的思想看上去大概有些简单、片面。言语行为不是独立于其他因素就能够单独发生的，需要配合特定的语境。决定礼貌与否和礼貌程度高低的因素实际上有很多。因此，从根本上说，礼貌是相对的，其相对性是由语境的多样性所决定的。

（二）礼貌原则的文化差异

总的来说，西方的众多学者中，以语言学家为主要群体，他们对礼貌的研究主要集中在语言的使用上。隶属于"低语境文化"的西方文化对于礼貌的表现主要集中在言语的使用上；而在东方文化中，语言环境的因素使礼貌原则的制定受到了约束，因此东方文化属于"强语境文化"。这种差异性也就侧面说明了东西方文化对于礼貌的内在含义的界定是有明显区别的。中国文化中的礼貌是指理想中的社会同一性，因此面子就是指独立的个体在社会群体中建立的良好公众形象，这种形象的建立依靠社会中的他人的判断，社会取向性质鲜明；但西方文化中的礼貌指的是理想的个人自主性，面子的定义主要体现于个体，是对自我形象的修饰建立，个人主义倾向较为突出。因此我们可以看出，在不同的文化中，礼貌的内涵的差异性在根本上就有所体现。

1. 中国文化的"礼"

在世界上的任何群体或社会中，人们的行为甚至言语行为都是受"礼貌"制约的，因此需要所谓的"面子"来相互维护。中国素来有"礼仪之邦"的称号，因此在中国社会中，"礼"的概念和规则逐渐成形并得到发展，以至于后来对人们的行为方式都产生了具有独特意义的制约，其他国家和社会在这方面几乎是没有可比性的。对于"礼"的看法，荀子认为："人生而有欲，欲而不得，则不能无求，求而无度量分界，则不能不争。争则乱，乱则穷。先王恶其乱也，故制礼义以分之，以养人之欲，给人以求。使欲必不穷于物，物必不屈于欲，两者相持而长，是礼之所起也。"荀子从本质上掌握了"礼"的用以制约人们行为的现实意义。"礼"的作用是解决人们主观诉求与客观现实之间的矛盾问题，以此使两者之间能够达到平衡的状态，使社会秩序能够得到稳定的维持。因此，"礼"贯穿于整个社会的各个方面、各个层次，其程度与西方的宗教有着极为类似的强烈感与持久度，并且逐渐成了中华民族的潜意识中的思想理念。

中华民族一直以来十分重视的"伦理"道德事实上就是对"礼"的重视。"伦"指的就是等级、类别之间的次序；"理"指的是这种等级次序所遵循的规则。而"伦理"的本质就是"礼"最初想表达的内涵。因此，从对人的行为制约的角度来看，"礼"是不对人的内在产生制约的，是对人的外在的一种规定，以此来规范人们应该履行的社会义务，使人们的活动可行范围变得更加局限。当人们更清楚地了解了自己的社会身份的时候，就自然而然地清楚自己什么能说、什么不能说、怎么说、什么时候说。所谓的"名正言顺"，就是指一个人的言语行为不违背"礼"的根本，这样在人际交往的过程中，就会大量减少交际双方的隔阂和误会，社会形态的和谐程度也能够整体得到提升。

2. 西方社会的礼貌观

西方国家受到社会格局的影响，在人际关系的处理上遵循平等原则。在西方社会中，人们注重的是人与人之间的共同点，而不是两者之间的差异、区别。西方社会中的人追求的是自我实现、个人奋斗，他们将个人权利、个人隐私放在首要位置，以各行其是、各展其才、各履其志为目标，"孺子牛"或"螺丝钉"精神进而就成为其发展道路上的阻碍。从这个意义上讲，西方的礼貌观与中国文化中的"礼"有着本质上的差别。

在两种不同的亚文化中，礼貌原则也有很大的不同。塞菲诺通过比较分析英国文化和希腊文化中的礼貌现象上的区别发现，希腊人更乐意使用积极礼貌策略，英国人更重视消极礼貌策略的使用。她认为产生这种区别的原因是这两种文化分别具有不同的面子观。英国文化似乎更注重隐私和独立，即消极面子；而希腊文化则更重视群体内的关系，即积极面子。而且希腊文化中的面子需求似乎不只限于个人的面子，还包括与自己关系密切的其他人的面子；与此相对，英国文化则要求一种相对疏远的关系，强调独立性，很少将个人的面子需求与他人或群体的面子需求联系在一起考虑。此外，在许多希腊人看来，礼貌不仅仅表现为考虑他人的情感和合乎社会规范与期望的得体言行举止，还包括无私、慷慨、克己自制、品行端正等品质。所以塞菲诺认为，"礼貌"是作为具有抽象意义的社会准则普遍存在的，即便如此，在不同的文化环境下，礼貌实现的方式也拥有其各自的文化特色。总体来说，礼貌是历史文化经过长期沉淀后的体现，是特定社会文化群体价值观的体现，想要形成一套放在哪里都能够适用的礼貌原则是非常困难的，但是可以通过具体语境来选择相关联的礼貌原则和相适用的语用策略。

什么是礼貌、什么样的话语是具有礼貌意义的、什么样的话语是不礼貌的，都要根据具体的语境因素来看。在一个语境中具有礼貌意义的话语在其他语境中或许就会变成非礼貌性用语。甚至在同一个场合中，由于文化根源的不同，说话的人说的内容在倾听者看来可能有另一种含义，甚至是不礼貌的。而有时过分的礼貌会让人感到不舒服。实际上，社会距离和相对权力等诸多因素在决定言语是否礼貌方面起着重要的作用。

第二节　言语行为与文化差异

一、言语行为理论

（一）奥斯汀的言语行为三分法

1. "言有所述"与"言有所为"

言语行为理论的创始人是英国哲学家奥斯汀（Austin），他打破了哲学界对语言陈述的可验证性研究传统，立足语言事实，对两大类话语进行了区分，即"言有所述"和"言有所为"。言有所述的话语是能够对其真实性进行检验的，得出的结果非真即假，但不论如何都是有依据的；言有所为的话语是无法对其真实性进行检验的，因为这种话语是被用来实施某种行为的，因此其真实或虚假都是不重要的。奥斯汀列举了四个实例来说明这类话语：

① I do.（使用于结婚仪式过程中）
② I name this ship Elizabeth.（使用于船的命名仪式中）
③ I give and bequeath my watch to my brother.（使用于遗嘱中）
④ I bet you six pence it will rain tomorrow.（使用于打赌中）

在特殊的语言环境当中，特殊的人在说这些话时事实上是在实施某种行为。换句话说，说话人在说这些话时通常不是在陈述事实或者对某一事物进行描述，而是在完成一种行为，如结婚、命名、遗赠、打赌。这种通过说话完成某一件事的情况根本不会被这些习俗化的活动局限，如"I promise..." "I warn..." "I apologize..." "I welcome..."等，人们在说这些话时大多是在进行许诺、警告、道歉、欢迎等。

2. 言语行为三分法

奥斯汀进一步依据"言有所为"建立了言语行为的"三分法"，指的是一个人在说话的时候通常情况下会同时进行三种类型的行为实施。

（1）言外行为

言外行为是指通过"说话"这个动作来达成某一目的所实施的行为，人们通过对话可以做到很多事情。如传达信息、发布命令、威吓等，这些是用语言表达来完成的行为，是将目的、期望包含进语言的言语行为。

（2）言内行为

言内行为指的是"说话"这一行为，其本身含义与传统意义中的"意指"具有大致相同的含义，也就是发出音节，说出单词、短语和句子等。言内行为的主要功能是用语言表达、描述一个事物，但在实施这个行为的过程中，我们通常还会实施一个言外行为，甚至有时也会实施言后行为。

（3）言后行为

这里所说的言后行为指的就是说话带来的后果，如当我们通过言语活动向听话人传递信息，听话人在言语中感受到了警告或规劝的信息后，想去做某件事被阻止了或者按照我们的意愿做了我们想让他做的事。

言内行为和言外行为的主要区别就在于言内行为在说话的时候表示的就是话语间的字面意思，而言外行为表达的是话语背后说话人的真实意图。说话人的本意若是被听话的人所了解，就会发生变化并产生相应的后果，这就是言后行为。即便说话人的意图被人所了解，听话人也不一定会按照说话人所传递出来的信息发生相应的行为。在进行语用研究的过程中，通常人们感兴趣的研究是这三种言语行为中的言外行为，因为言外行为所表达的意图与说话人的真实意图是一致的。说话人和听话人如何通过语言的使用来对自己的意图进行表述和理解对方的想法，是语言交际研究中一直作为重点研究的问题。

（二）塞尔的言外行为五分法

如果说奥斯汀把言语行为理论看作对话语意义的研究，那么他的学生塞尔则将这一理论升华为一种对人类言语交际进行解释的理论。塞尔认为使用语言交流就如同人类生命中的许多其他社会活动一样，是一种局限于规则的、有意图的行为。我们在说话时，其实就是在按照相应的语言使用规则来实施各种不同的言语行为。塞尔同时也认为言语交际过程中的最小单位并不是词语或句子这些人们通常印象中的语言单位，而是言语行为。言语交际的过程实际上就是由多个不同的言语行为紧密连接构成的，这其中的每一个言语行为都包含了说话人的意图。为此，他着力研究说话人如何根据一定的规则来实施自己的言语行为。

1. 言语行为实施

塞尔在研究中注意到了一句话的命题内容与其言外行为之间的关系，同时考察了实际的言语交际案例。在此基础上，他提出了实施言语行为必须满足的条件，以及必须遵守的规则。下面以"许诺"这个言语行为为例（其他言语行为的条件和规则也可以此为模式去推导）进行说明。

（1）命题规则

当命题出现在一个句子或一个语段中，这个命题以及说话人将要实施的一个行为。

（2）准备规则

听话人同意说话人对这一行为付出行动，而不是不同意对方实施这一行为，并且说话人信任听话人给予的认同；当说话人和听话人两者都对该事实表示了解时，说话人通常不实施这一行为。

（3）诚意规则

说话人发自内心地愿意实施这一行为。

（4）根本规则

说话人所说话的含义使其需要履行实施某一行为的义务。

2. 言外行为五分法

对于言外行为的分类，塞尔首先考察了不同言语行为相互区别的12个侧面，并确认了其中"言外之的"（某一类言外行为所具有的共同目的）、"适从向"

（言外之的带来的后果）、"表达心理状态"（说话人实施言外行为时的心态）是较为重要的因素。由此，塞尔将言外行为划分为五种不同的类型。

（1）表达类

表达类的"言外之的"主要是指命题中所表明的某种事态表达说话人的某种心理状态。这一类言外行为没有"适从向"，其原因在于它们不存在"适从向"的问题，在说话的过程中，说话的人既不需要通过说话来改变客观世界，同时也不需要让自己的话语与客观现实相匹配。

我们在实施这一类言外行为时，必须遵循客观真实性。举个例子，当一个人因为不小心踩了另外一个人的脚而道歉时，这个人说话的目的既不是要说明自己不小心踩了别人的脚这样一个事实，也不是做出某种许诺去踩他的脚，也就是说，"不小心踩了别人的脚"这样一种动作其真实性已经被确认，即不需要再去证明了。在道歉时，这个踩了别人的脚的人只是要针对客观事实表示自己的态度或心理状态而已。属于这一类别的行事动词包括各种表达不同心理状态的动词，如 apologize、congratulate、thank、sympathize、condole 等。

（2）指令类

指令类的"言外之的"是说话人试图让听话人去做某一件事；它的"适从向"是客观现实适从话语；所表达的心理状态是希望或者愿望。英语中常见的属于这一类别的行事动词有 beg、request、advise、suggest、insist、order、demand 等，它们具有明显的语势。此外，目的在于探询信息的"提问"可算是一种特殊的指令，因为说话人提出问题便是要让听话人作答。

（3）阐述类

阐述类意在使说话人对所表达的命题的真实性做出保证，换句话说，说话的人必须相信自己所说的话的真实性，这是进行阐述的基本前提与保证。阐述类言外行为的"适从向"是从话语到客观现实，其意在展现一种相信的心理状态。在英语中，属于这一类型的最常用的行事动词有 state、assert、claim 等，有些动词具有更强的语势，如 swear，语势较弱的有 guess、hypothesize 等。这一类言外行为具有可验证性，大体上与奥斯汀最早区分的言有所述的话语相一致。

（4）宣告类

宣告类的"言外之的"是使客观现实与所表达的命题内容一致。因而这一类型的"适从向"是使客观现实符合所说的话语，但与指令类不同，宣告类的言外行为使客观现实按照所说的话语发生的变化是即刻的、瞬间的。几乎在说话的同时，这种变化便发生了，比如上文提到的奥斯汀所列举的四个典型例子。

除此之外，在日常生活语言中还能找到不少这种说了话就带来变化的宣告类的例子：

① I declare the meeting open.

② I fire you.

③ I appoint you chairman of the committee.

宣告类是一类比较特殊的言外行为，要成功地实施一个宣告类的言语行为，往往涉及一些文化习俗或一套构成规则。例如，说话人和听话人在这一语言活动中必须是具有某种身份的人。一个有妻子的男子无论在牧师面前怎么说"I do."，也无法和另一个女子结婚；也并非随便什么人说了"I name the ship…"就可以给一条船命名；能够成功地通过说"I fire you."来解雇别人的人必须是具有这种权力的人；也只有大会主席才能说"I declare the meeting open."。

在宣告类中，塞尔还分出了一个名为阐述性的宣告的小类。这一小类与阐述类具有相同点，它影响着说话人对真实性的判断能力。在一些特定场合中，除了要对客观事实做出判断外，还要有一个权威的人对客观事实做出相应的评判。球场上的裁判、法庭上的法官的角色职能都在起这样的作用。例如，在比赛中，当裁判认为球出界了，他就会将这个球判定为"界外球"；法官认为某人有罪，他便可以把这个人定为"有罪"。裁判和法官都应该相信自己对客观的判断是正确的，他们在宣布自己裁决的一瞬间又引起了客观世界的变化。

塞尔对言外行为的分类是有一定的科学依据的，但是这种分类方式是不细致的，有人估计有一千种以上，要把这许许多多种言语行为归纳成若干大类，当然很难保证做到个个都能"对号入座"，有时难免会有牵强附会的情况。但应该说，塞尔的分类基本上是成功的，自从这一分类方法问世以来，虽然各家反应褒贬不一，但它仍然是比较有影响的、比较广泛地为人们所接受和应用的一种分类方法。虽然在奥斯汀之后，对言外行为进行过分类的并非塞尔一人，但其他的分类大体上是以塞尔的分类为基础做一些修改和补充，并未有突破性的创新。

（三）言语行为的跨文化研究

从某种角度看，我们一直都生活在言语的世界，我们几乎时刻都在"制造"言语行为，而我们可以实施的言语行为也是可以分为很多种的，如果世界上没有言语行为，那这种场面是没有办法单单依靠想象理解的。

奥斯汀和塞尔的言语行为理论对语言研究的发展做出了杰出的贡献，遗憾的是言语行为理论在一定程度上仍然是以语句为中心的。正因为它是以语句所能完成的功能或行为为基础对言语行为进行分类,所以对语境因素的考虑十分有限,把言语交往所赖以生存的社会文化以及现实情景等因素基本上排斥在外,而且也未能把交往本身所具有的复杂的"协调"这一重要过程考虑在内。这是较为严重的缺陷,因为语句的功能与广泛的文化因素以及情景因素是密切相关的。事实上,实施或完成某项言语行为是一个与对方相互协调的过程,至于如何协调,不同文化会有不同的规定,而且还要视具体环境或情景而变化。

人们在现实交往时,其实施的行为在诸多方面都存在着明显的差异。这些差异的存在是具有普遍性的,不管双方是属于同一文化还是不属于同一文化,其普遍存在的差异性大体都一致。言语行为上的区别主要依据文化、地区、职业、性别以及个人情况存在,这种区别和差异为人们之间的交际带来了短时间内无法迅速解决的困难。因此,指出这些差异对人们改善交际活动和交际状况是非常重要的。许多学者认为,不同文化群体在对外实施言语行为的过程中是具有差异的,而这些差异主要集中表现在五个方面:一是人们所能够实施或通常所实施的言语行为的范围不同;二是人们在如何恰当得体地实施言语行为和掌握言语行为的实施方式的多样性的程度方面存在着差异;三是实施某些言语行为的规则因文化而异;四是新的信息接收的开放程度,以及言语行为实施的方式的变化或灵活性因文化而异;五是交际者对对方实施的言语行为所表露出来的积极或消极态度的敏感程度也因文化而异。

二、语言表达的间接性

(一)语言表达的间接性意义

1. 语言表达的间接性

在日常生活中我们对日常语言使用习惯稍加注意,就能够发现语言表达是具有间接性的,意思就是说人们通常不会直接表达内心的想法,而是更愿意选择一些隐晦的方式间接地表达自己的意图。这种语言使用中的"拐弯抹角"的现象就是语言表达的间接性。

对此现象我们可以从不同的角度去解释。比较常见的解释是把间接语言看作语言的形式和语言的功能之间的不一致所带来的结果。在已知的任何一种语言中,都存在三种基本功能的句类:陈述句、祈使句和疑问句。这是人类语言的普遍现象之一,这一共同性无疑是由人类语言的基本功能决定的,因为这三种基本句子形式分别和语言的三种基本功能对应:陈述事实、提出请求和提出问题。但句子的形式和功能之间并不存在绝对的一对一的关系，即一种句式并不总是用以行使某一种功能；反之，某一种功能也并非只能通过一种句式才能得以行使。在一定的场合中，陈述句式也可以用来提出问题或提出请求，请求别人做某事也绝不限于使用祈使句式这一种形式，用疑问句来请求别人为你办一件事的情况可以说是司空见惯的。在这三种基本句式与它们的典型功能不对应时，语言的使用便是间接的。

语言表达的间接性是一种普遍现象，各种语言中都有很多这样的表达习惯。有学者曾以《水浒全传》中第七回的一段叙述来说明这种现象。小说中太尉高俅和陆虞候等人设计陷害林冲，指使人在市上卖刀，以便诱林冲带刀进入白虎堂。书中是这样叙述的：

那一日，林冲和鲁智深同行到阅武坊巷口，见一条大汉，头戴一顶抓角儿头巾，穿一领旧战袍，手里拿着一口宝刀，插着个草标儿，立在街上，口里自言自语说道："不遇识者，屈沉了我这口宝刀！"林冲也不理会，只顾和鲁智深说着话走，那汉跟在背后道："好口宝刀，可惜不遇识者！"林冲只顾和鲁智深走着，说得入巷。那汉又在背后说道："偌大一个东京，没一个识得军器的。"

很明显，那汉子的三句话，语气是陈述和感叹，实际上是要求林冲买他的刀，实施一种隐性的祈使言语行为。陈述句和感叹句之所以能使听者做出反应，是因为它们隐含暗示因素，即依赖特定的语言环境而产生祈使的作用。

语言表达的间接性同时也可以通过语言上的字面意思以及话语之间的前后关系来进行解释，当这两种表达意义不一致时，语言的使用就是具有间接性质的。人们在说话时不会总是说的话与其字面意思表达一致，有时话语间的字面意思和说话的真实表达意图是不一致的，人们比较擅长通过言外之意、弦外之音等婉转地表达自己内心的真实想法。类似于讽刺、比喻、夸张等修辞手法就是上述内容中最契合的表达方式。因此在语言的诸多用法中，字面意义与话语意义不一致是十分常见的。

2. 间接言语行为的理论解释

对于如何判断一句话的间接言语行为，言语行为理论专家有两种不同的看法。

一种是习语论。习语论者认为间接地用于行使某些功能的话语可以被看作用于行使这些功能的习惯用法或语言形式，这些话语只能被视为整体，而不能对它们的构成成分进行分析。例如"请人开门"这一功能，通常可以使用两种直接的请求形式：

I request you to open the door.

Please open the door.

但人们还常使用以下这些间接的请求形式：

Can you open the door？

Would you please open the door？

Would you mind opening the door？

习语论者认为这些形式的句子都可以被看作用于请求别人做某事的习语，也就是说"Can you+V""Would you please+V""Would you mind+V-ing"在英语文化中都被看作"I request you+V"，就像习语"kick the bucket"具有 die 的意义一样。习语论者试图通过习惯用法在某些语言形式与它们间接地实施的功能之间建立起联系，以此来解释语言的间接用法。

另一种是推理论。这是一种与习语论相对立的理论。推理论者认为把间接使用的话语看作习语的想法是不对的，要假设听话人需要经过诸多推理步骤才能够透过字面意义了解到说话人的真正意图。塞尔认为，"在实施间接言语行为时，说话人依赖交际双方所共有的包括语言和非语言的背景知识，以及听话人的逻辑推理能力向听话人传达言外之意"。不同的人对推理论做出了不同的解释，但他们的解释具有某些共同点：

第一，间接使用的话语是具有独立的、脱离其他语汇的字面意义的，这种意义可以使交际参与者都能清晰地理解其含义。塞尔从言语行为理论的角度阐述了他认为交际双方都需要具有一定的言语行为的理论知识，这样他们才可能辨认一句话的文字意义，即字面上实施了什么行为，也就是他说的次要言语行为。

第二，用于施行间接言语行为的话语必然具有促使听话人去进行推理的因素，也就是说这句话语的字面意义使听话人感到它在特定的语境中是不合适的，因而需要经过推理来对它进行必要的修补，以获得合适的意义。塞尔认为可以通过格赖斯的会话合作原则来确定话语的不合适性，从而确定进行推理的必要性。

第三，从字面意义和语境推导出有关的间接意义必须有一定的原则和推理规则可循。塞尔认为可以借助推导出会话含义的原则来达到这一目的。他以下面这个例子来说明如何具体进行对间接语言的解释和推理：

学生 X：Let's go to the movies tonight.

学生 Y：I have to study for an exam.

根据意义，特别是 Let's 这个句首形式的运用，可以确定 X 的话语是一个"建议"的言语行为，对建议的反应或是"接受"或是"拒绝"，但从字面上看 Y 的回答似乎两者都不是，不过我们可以本能地意识到 Y 的话是对 X 所提建议的拒绝。那么从一个字面上的声明到一个实际上的拒绝，这中间经历了一个什么样的过程呢？塞尔假设了 X 所经历的 10 个推理步骤。这是我们依据常识都能顺利进行的：因为 X 也是学生，当然知道学校的考试安排，当他意识到第二天并没有考试时，就能明白 Y 在说假话，违反了合作原则中的"质"的准则。那么 Y 为什么要说"谎话"呢？那是暗示自己不愿去看电影，于是 X 就能领悟 Y 对他的建议实施了"拒绝"的行为。

（二）间接言语行为的制约因素

1. 间接言语行为的制约因素

在任何社会的自然言语交际中，间接言语行为可以说是一个很普遍的现象。正如奥斯汀和格赖斯所说，除了"显性行使句"外，任何言语行为在某种程度上都是间接的。影响人们使用间接言语行为的因素有很多，但支配间接言语行为的主要因素是基本相同的，它们大致可归纳如下。

（1）要求大小

你要求别人做的是小事还是大事？如你是问别人借辆自行车用一个小时，还是借辆汽车用一个周末？你向别人提的要求越高，问话的方式就可能越间接。这里的要求并非一定与物质相关，也可能指信息。如在英国问时间可以用非常直接的方式，但要问别人的收入则常用非常间接的方式。

（2）权力关系

你对听话者拥有多大的权力？会话双方的权力差别越大，说话就可能越间接，比如你对上司说话比对你儿子说话更间接。

（3）权利与义务

会话双方的相对权利与义务如何？如果你要求别人做的事是你的权利或者是别人的义务，那要比你求别人帮忙用的说话方式直接。例如，你叫出租车送你去车站所用的说话方式要比叫邻居送你去车站直接。

（4）社会距离

你对听话者的熟悉程度如何？你与听话者的关系如何？你和听话者越熟悉，说话的方式就可能越直接；你与听话者关系越密切，说话的方式就可能越直接。

2. 制约因素在言语交际中的可协调性

以上所列的影响语用选择的因素并非一成不变的，不同文化间的差别则更大。这些因素在言语交际的过程中是可以协调的，也就是说随着会话的进行，这些因素是会发生变化的。下面是对"要求大小"进行协调的例子：

A：Mum. You know those browny glasses.

B：Mm.

A：The ones we got from the garage.

B：Mm.

A：Do you use them much？

B：Not really，no.

A：Can I have them then？

A 打算去学校。她设法劝她母亲 B 给她几个玻璃杯。她在提出要杯子之前的一系列话语降低了杯子的价值，最后在她向母亲提出要杯子时，母亲就很难拒绝了。又如下面是对社会距离进行协调的例子：

A：殷院长。

B：不用客气，我们都是朋友，你们年纪又比我大，别叫我殷院长了，就叫我小殷吧。

A：小殷……

上例中会话双方是初次见面。A 为了礼貌起见用了姓加头衔作为称呼，而 B 拒绝接受这样的称呼，而要求用"小＋姓"的方式来拉进说话双方的距离。有时为了达到某一特定的目的，说话者可能会改用称呼来改变听话者的社会角色以表示尊敬。以上例子说明影响间接言语行为的因素在日常交际中的把握尺度是有伸缩性的。

三、言语行为的文化差异

为了满足交际的需要，人们在交际中使用各种各样的言语行为，比如问候、告别、致谢、答谢、道歉、恭维、请求、同意、批准、拒绝、建议、劝告、警告、邀请、介绍、承诺、批评、祝贺、说服、命令、指示、推荐、威胁、禁止等，究竟有多少种类，还需要进一步界定。不同社会，甚至同一社会的不同群体或言语社团的语用规范都存在着差异，各社会或群体在实施诸多言语行为方面都有其独特的规则可循。即使是相似的交际情景、相同的社会功能，所实施的言语行为的语句也可能截然不同,所采用的策略也可能相去甚远。下面我们仅对一些最具程式化的言语行为进行分析。

(一)问候语

问候语是交际双方见面时打招呼使用的程式化语言。各种文化有自身的一套问候语系统,主要功能是通过相互问候来联络感情,维系人际关系。比如英语、汉语中常用的问候语分别有:

Hi / Hello!

How do you do? How are you? How are you doing?

Good morning! Good afternoon! Good evening!

您 / 你好!

早!早上好!您早!

吃了吗?去哪里?干什么去?

在跨文化交际中经常会因为问候方式以及文化内容的选择不慎而出现交际上的失误。中国人在利用上述话语对他人进行问候时,这些话只是具有打招呼的意义,因此也作为打招呼的形式在语境中存在,而听的人也是用程式化的回答对问候人进行回应,不需要认真地当作问题对待。从语用的角度讲,这些句子的功能就是"问候",体现说话人对听话人的关心。然而当你用英语对译"吃了吗""去哪里""干什么去",并用这些对译的英语去问候英语国家的人时,它们的语用功能就不再是"问候"了,而是你真的想从对方那里获取信息,或者可以被推导出一些他们习惯了的"会话含义"。如英语国家的人问"吃了吗(Have you eaten yet?)",可用来表示建议或邀请对方一起吃饭的意思,而如果他们听到这样的话后没有看到进一步的行为,那么他们就会觉得很古怪,有时甚至会不高兴。若问"你去哪儿(Where are you going?)"或"干什么去(What are you going to do?)",就会有打探别人隐私之嫌,好像对方要去一个不该去的地方,或者干不该干的事。如果我们不注意各个民族之间问候习惯的不同,就会出现一些类似的误解,导致交际障碍。

(二)告别语

告别语是交际双方道别时使用的程式化语言。各种文化有自身的一套道别语系统,主要功能是通过相互致意来表示礼貌,维系人际关系。比如英语、汉语中常用的告别语分别有:

Good bye! It's nice meeting you.

See you! So long! See you later / tomorrow!

Good night! Have a nice day!

再见！明天见！

走好！慢走！

不送了！请留步！有空再来玩！

从上述英汉常用的告别语来看，各自文化都有不同的习俗和侧重点。如果把汉语告别语直译成英语并用于跨文化交际当中，比如"Go slowly""Walk slowly""Stay here"等，英语国家的人会觉得很不自然或十分别扭。汉语的告别语显然比英语的告别语更为复杂，这主要是社会文化差异导致的。比如东西方不同文化背景的客人在别人家做客，在聚餐结束后，告别时所用的礼貌语存在着很大差别，西方人会说：

Thank you so much for a wonderful evening.

而中国人会说：

实在抱歉，给您添了不少麻烦。

西方人使用感谢语来道别，而东方人则使用道歉语来道别。仅此一例就可见东西方礼貌行为差异之大。

（三）答谢语

答谢语是指一种回应别人的致谢的程式化语言。各种文化有自身的一套答谢语系统，主要功能是通过答谢来表示礼貌，维系人际关系。比如英语和汉语中常用的答谢语分别有：

Not at all.

Don't mention it.

You are welcome.

It's my pleasure.

不用谢！/别客气！/没什么！/别这么说！

过奖了！/这是我应该做的！

实际上，英国人和美国人在使用这些答谢语时也有差异，美国人常常使用"You are welcome"，而英国人常常使用其余几种。

在汉语中，当说话人受到别人称赞时，答谢语往往表达"谦虚"的语用意义，这是符合礼貌原则中的谦虚准则的。但是，正因为汉语中的这个"谦虚"往往与英语国家人恪守的合作原则中的"质"的准则产生冲突，才导致了跨文化交际中答谢行为上的语用失误，使说话人原有的语力消失，造成误解。比如一位出国访问的中国学者在结束他的演说时谦虚地说：

I'm sorry that I've wasted your precious time.

报告结束时为了表示谦虚，报告者都要用一些谦辞以表示"谦虚"的语用功能，这是汉语环境下的客套话，很自然、很正常。但是英语国家的人却不能接受这样的客套。从合作原则中"质"的准则方面考虑，他们会把这些客套话理解成：是不是说话人觉得听众对讲话一窍不通，所以浪费了听众的时间？说话人既然知道他们的时间宝贵，那为什么还要故意浪费？或者，既然说话人知道是在浪费听众的宝贵时间，那为什么还要进行这个演讲？在这种场合，英语国家的人常会直接表达对听众的谢意，说声"Thank you"或类似的话语，如：

I hope you'll like my talk.

有这样一个笑话，一个西方人被邀参加一对中国人的婚礼时，他很有礼貌地赞扬新娘长得很漂亮，一旁的新郎代新娘谦虚道："哪里，哪里。"不料这位西方朋友的汉语水平不高，没听明白这是一种"谦虚"的程式化说法，却听明白了字面意思。于是他用生硬的中国话说道："头发、眉毛、眼睛、耳朵、鼻子、嘴巴都漂亮！"结果引起哄堂大笑。然而文化误解并非都像这样带来几分喜气。清朝时李鸿章出访美国，曾在美国餐馆设宴，席上对客人说了这样一番话："今天蒙各位光临，非常荣幸，我们备有粗馔，没有什么可口东西，聊表寸心，不成敬意，请大家包涵。"第二天报纸上刊登了这一讲话的译文，餐馆老板大为光火，说李鸿章污蔑了餐馆的名声。

另外，汉语中有些说法往往让英语国家的人不理解。比如，中国人在答谢时经常会说：

这是我应该做的。

这是我的职责。

将其直译成英语就是：

That's what I should do.

That's my duty.

从语用学的角度分析，这两句英译话语的语用意义就变成了"这不是我情愿做的，只是责任而已"。英语国家的人听到这样的话语会感到十分尴尬。这与汉语要表达的语用意义简直是大相径庭。前面提到，在汉语中，职责范围内的事情不需要答谢，所以说话人说这句话是想表达"这是我的职责范围，不必客气"，是表示对致谢人的客气。

(四)致谢语

当别人为自己提供帮助，或别人对自己表达善意时，当事人向对方说的感谢的话叫作致谢语。不同民族语言中的致谢语在运用上是不太相同的。英语国家的人可以说是不离"Thank you"，几乎任何场合、任何人际关系都可以使用。汉语交际中，表达谢意的词语也不少，常用的有"谢谢""多谢""非常感谢"等。但是汉语的"谢谢"不像英语那样处处使用，有时还须谨慎使用。有几种场合中国人常常不用致谢语：

如果交际双方的关系比较亲密，那么通常不需要进行相互致谢。比如父母与儿女、丈夫与妻子、兄弟与姊妹、亲密朋友之间等。因为在这些关系之间使用"谢谢"显得"见外"，在语用功能上一般表示双方的关系疏远。比如妻子为丈夫做一点举手之劳的事，如果中国丈夫说"谢谢"，妻子会觉得别扭，或者会觉得是在开玩笑；而在英语国家说声"Thank you"却非常自然，不会产生什么特别的语用效果。

当受到别人夸奖或赞扬时一般不表示感谢。听话人这样处理的原因是担心给别人一种不谦虚的印象。比如你夸一个女孩的裙子好看，这个女孩往往会回答："不，不，只是一条普通的裙子。"如果用这种方式回答英语国家的人，虽然这个女孩表现了自己的谦逊，但会让对方感觉很窘迫，因为他觉得这个女孩在怀疑自己的鉴赏力。现在中国人知道英语国家的人回答别人对自己的表扬时常常说"Thank you"，也时常会仿效，但往往不太合乎语用规范。当别人赞扬自己时只是说一句"Thank you"，其实这不符合英语国家的人的习惯，尤其是与美国人交往，这也不是很礼貌，还应该加一些谦虚的话。

职责、义务范围之内的事情一般不需要致谢。就是说，说话人对听话人职责义务范围之内的事表示感谢会让人觉得有些不自然。例如，在商店里买东西，售货员感谢顾客的光临是正常的、可接受的；可是在一般情况下，顾客很少感谢售货员为自己提供的服务，因为顾客觉得那是他们应该做的，属于他们分内的事情。但在英语国家说"Thank you"却很常见，也很自然。

(五)恭维语

恭维是人们日常交际中经常需要使用的一种礼貌性的言语行为，恭维及其应答构成了人们言语交际能力的一个方面。这一言语行为并不像看上去那么简单，它涉及社会文化的许多方面。目前对恭维的研究主要集中在英语中的恭维语及其应答的语言形式、分布与频率、功能及性别差异等方面，对其他语言的研究还比较少。恭维是说话人对听话人所具有的某种双方认可的优势或长处进行积极评价的言语行为。其大都是为了表示欣赏对方，取悦被恭维者，因为它可以使被恭维者获得一种良好的自我感觉。然而不同文化群体的人对恭维功能的认识可能不同，而且同一句恭维语用于不同的语境中，其表达的意义和发挥的作用也有可能不同。因此要确定一句恭维语的功能，必须依据文化语境和现实交际中双方的关系来具体分析。对比一下英语和汉语中恭维这种言语行为的使用规范，我们能够看出不同文化之间的一些语用差异。

比如英语中恭维语的一个主要功能在于协调交往中双方关系的"一致性"（平等关系），即恭维者把它作为一种融洽社会关系、增进彼此感情的手段。人们交往时之所以需要一个协调过程，是因为人们的社会地位或角色关系不固定。尤其是在既非陌生人也非朋友之间的交往中，关系常常要通过协调达到一致。而在中国文化环境中，恭维语的一个主要功能往往是通过恭维对方达到某种功利性目的。调查显示，在中国恭维语似乎不是一个有力的协调"一致性"的行为，只有5%的人认为恭维语是用于达到此目的的；而"利用他人"是恭维语的一个主要的功能，占第三位。这是中国文化中的恭维语不同于美国文化中的恭维语的一个重要方面。

恭维是对他人具有的某种优势的积极评价，因此所涉及的可以是各种不同的特点。但相关研究表明，绝大多数的恭维都围绕外貌、行为、能力、成就、财物等几个方面展开。其中外貌和成就是美国文化环境中恭维最常涉及的话题，特别是恭维他人的外貌，是非常普遍的现象。尤其是女性，换了衣服、做了发型等，只要有了点变化，似乎都必须及时受到恭维。不管是什么样的年龄、社会地位、职业背景，女性的外貌永远是被恭维的对象。因此在西方文化中，男性称赞女性的容貌、身段、穿戴、打扮等是很平常的。但是这在中国传统文化中却不常见。现在情况虽有了一些改变，类似对女性外貌方面的恭维逐渐多了起来，但依然要受具体情景中各种因素的限制。恭维不一定是人们所期望的社会行为，往往只能以略带玩笑的形式实施，实际上恭维之力已被减弱。汉语中的恭维语还有两个值得注意的特点：

第一，在表达方式上有一个在美国文化中极为罕见的现象，那就是在夸奖别人的同时，往往会有意无意地贬低一下自己。比如说：

你这个主意不错，我就没想到。

你真行。我要是有你一半能干就好了。

第二，在中国的文化语境中，恭维语往往是隐性的，也就是说，需要在具体的语境中对恭维语进行领会。与中国文化不同，在美国文化语境中，恭维语通常表现为一种高度程式化的语言，这种恭维语最大的特点就是句式是比较固定的，所以很容易被识别，这与中国文化中的恭维语是截然相反的。在中国文化中，存在大量的隐性恭维语，说话人的赞美并不显见于言辞本身，被恭维的人只有结合具体语境与相关背景知识才能领会其称赞之意。

第五章 跨文化语篇对比研究

本章将从跨文化语篇差异研究的基本理论、篇章的粘连性与连贯性对比研究以及语篇结构差异的对比分析三个方面入手,对跨文化语篇进行深入的分析与研究。

第一节 跨文化语篇差异研究的基本理论

一、语篇及其相关概念

(一)语篇及语篇特征

"语篇"在英语中有两种表达方式,分别为 text 和 discourse。在汉语中,我们经常使用的术语除了"语篇"之外,还有"篇章"一词。语言行为的成品是我们在这里所说的"语篇"。其呈现形式是多种多样的,包括书面、口头等形式,各种形式的表现形式可以是文章,也可以是一段话。例如,通过磁带录音来记录一个交际行为,这便是这一交际行为的口头语篇。

语段的发展模式和衔接手段通常与语篇中修辞结构的构成有着紧密的联系。判断一段文字是否为一个语篇的方法就是要看这段文字是不是一个有意义的、连贯的整体。韩礼德和哈桑(Halliday & Hasan)是两位著名的语言学家,他们认为一段文字是否具有语篇的特性是检验这段文字是否具有整体性的一个标准。结构性语篇特征和非结构性语篇特征是语篇特征所包含的两方面内容。其中,结构性语篇特征指的是如主位结构这种形式的句子本身的结构;非结构性语篇特征指的是不同的成分在不同的句子中,彼此之间衔接的关系。从语段发展模式的角度,我们能够得知一组概念和命题是怎样融合成篇章段落的。

1. 结构性语篇特征

"主位推进程序"实际上就是语篇的结构性衔接。"主位"和"述位"这两个概念最早由布拉格学派的语言学家提出,其目的在于对句子中不同部分在语言交际中所起到的具体作用进行研究。主位指的就是在句子中位于首位的成分,具有充当句子其余部分叙述内容的起点的作用,句子中的其余部分就是述位。主位表示的信息一半是已知的,而述位表示的信息一半是新的,可以看出,二者传递的信息的性质是不一样的。主位和述位在孤立的句子中是一成不变的;语篇是由若干句子所组成的。在语篇中,每个句子之间,主位和主位、述位和述位、主位和述位的联系就会发生一定的改变,这就是我们所说的推进。主位是语篇组织的重要构造手段。同时,主位推进程序又是在每个句子中主位之间的联系和变化的基础上形成的,这样,在一定程度上,主位推进程序就体现出了语篇结构的基本框架。

在语篇段落中,相连句子的主位结构的组合方式就是主位推进程序,很多学者都对主位推进程序有过非常完善的总结。其中,有的学者将此分为六类:第一类为平行型,这种类型的出发点为首句的主位,后面的每一句都以这句的主位作为主位,然后再分别引出不同的述位;第二类为集中型,这种类型表现为首句的主位和述位后面的每一句都分别有属于自己的新的主位,但每一句的述位则与首句的述位或述位的一部分大致相同;第三类为延续型,这种类型中次句的主位是首句的述位或者述位的一部分,这个主位又有新的述位,新的述位又成了下一句的主位,以这样的形式一直延续下去;第四类为交叉型,也就是首句的主位成为次句的述位,次句的主位又是第三句的述位,第三句的主位又是第四句的述位,如此交叉进行;第五类为并列型,即将句子分为奇数句和偶数句,属于同一行列中的主位相同;六是派生型,这种类型表现为首句之后的每一句中的主位都是由首句述位中的一部分派生而来的。

2. 非结构性语篇特征

语义衔接就是语篇的非结构性衔接。韩礼德和哈桑认为,具有语义衔接作用的语法和词汇手段就是非结构性衔接的特征,共分为以下五类。

(1) 照应

照应的意思就是语篇中的一个成分是另个一成分的参照点,其语义衔接关系通常用一系列语法手段来表示。比较照应、指示照应和人称照应是其主要的三种形式。

（2）替代

代替是为了有效地衔接语篇，减少语篇中的重复性，因此其指使用与语篇中部分语言功能相同的形式取代原文内容。替代主要分为小句性的、动词性的和名词性的三种。

（3）省略

省略是去掉语篇中的一个或是几个成分，可以说是一种特殊的代替现象，即零替代。因此，省略也和替代一样，主要分为小句性、动词性和名词性三种。

（4）连接

连接类型的语篇中前后成分之间的逻辑关系是用各种连接词来标明的。递进、因果和时间等就是常见的几种连接类型。

（5）词汇性衔接

词汇性衔接主要包括复现和搭配两类，其语篇在语义上的连贯是通过词汇手段来实现的。其中，复现包括的内容较多，如重复以及使用概括词、近义词等；搭配指的是词项的习惯性共现，主要包括两个方面，即句子内部的组合关系和跨句子的语篇中的词项共现。

（二）话题与语篇结构

在语言研究中，"话题"与"焦点"的组合体现句子的信息结构。学者们在了解话题在话语发展中的作用时经常采用的方法是对日常对话进行分析。因为，日常谈话是言语行为的口头语篇，更是一种最基本的言语活动。

1. 会话构成阶段

温特勒认为会话一般情况下是由七个阶段组成的，同时他认为信息传递功能和互相接触功能是会话过程中的两种性质完全不同的功能。七个阶段概括如下：

①问候阶段。通常是在交谈的开始阶段，主要是寒暄的过程。

②选用安全话题阶段。将会话引入正题是这一阶段的主要作用。这一阶段是建立一个使心情舒畅的氛围，这一氛围可以是与交往本人相关的直接接触，也可以是与天气等情景因素有关的间接因素。

③称谓阶段。按照社会角色关系和角色规范正式称呼对方，是把谈话导入真正的话题之前的必要过程。

④自我介绍阶段。这一阶段是将谈话引入真正话题之前所要经历的一个必要的过程，也是谈话者之间确定人际距离的过程。

⑤中心阶段。这一阶段是话题的核心部分，是真正的话题阶段，交谈的目

的会在这一阶段体现出来,其中话语的内容具有较强的认知和信息传递的作用。

⑥告别前阶段。这一阶段是准备结束交谈的阶段。

⑦告别阶段。这一阶段标志着交谈的正式结束。

在实际的交谈过程中,并不是需要将上述的七个阶段全部应用上,而是可以根据交谈的具体情况进行选择。另外,文化背景对上述会话推进过程的规则有一定的影响,性别、年龄、教育程度、社会地位和关系等因素又在社会层面上影响着这些规则。特别是在中心阶段,与一些文化相关的内容,在另一些文化中很可能是回避不谈的内容。例如,在中国人们常常谈论一些关于年龄、婚姻的话题,但美国人认为这涉及隐私,在日常交谈中是非常反感的。

2. 话题发展的类型

在会话中,话题起到了非常重要的组织作用,对于语篇结构的研究来说,话题发展类型的分析与探索是至关重要的。科尔塔等学者经过一系列的研究,将话题发展的类型分为以下六种:

(1) 话题介绍

这是谈话的第一个话题,发生在问候阶段、选用安全话题阶段和自我介绍阶段的后面。

(2) 话题继续

话题继续发生在偶对式交谈之间,起着衔接的作用。典型的话题继续如听者在听故事的过程中,经常会做出一些反应或加以评价。

(3) 话题上指

在谈话过程中,当所谈论的话题不能继续下去时,说话的人可以使这一话题在谈话中逐渐淡化,直至消失;或者是扩展原有话题,或是在之前的谈话中寻找一些已经说的话题,使谈话继续下去。

(4) 话题再生

在谈话过程中,当前的话题继续不下去,又不想回到之前谈论过的话题时,说话人可以从更早一些的谈话序列的脉络中去寻找话题,以使谈话继续下去。

(5) 话题再现

话题再现与话题再生类似,但这一类型的话题是指目前被暂时打断而又重新提起的话题,这种话题的中断,常常是当情景发生了某些变化时听话人所做出的即席反应或评论。

(6) 话题转换

话题转换是指在谈话中开始一个与前一段谈话毫无关系的话题。

二、语篇的文化差异研究

（一）语篇差异的二元论

1. 卡普兰的观点

语篇在组织结构上是有一定的原则可循的，并不是毫无逻辑的堆积。不同文化下的语篇具有一定的差异性。"对比修辞学"的出现标志着人们对于语篇差异性研究的开始，这是由美国学者卡普兰（Kaplan）所创立的。卡普兰不赞同当时布龙菲尔德（Bloomfield）以及亚里士多德的理论，他认为这样的研究存在很大的局限性，其分析是静态的，于是便提出了一种具有超前性的研究方式，即以语篇为分析单位。

在 20 世纪 60 年代，卡普兰对国外学生所写的英语作文进行了收集，共收集作文约 600 篇，并对这些作文的组织结构进行了比较与研究，最终发现这些作文的语篇发展类型可以分为五种，这五种类型分别对应五种具有不同母语文化背景的学生。众所周知的不同语言文化思维图式的假设就是在这样的研究背景下提出的。卡普兰认为，英语语篇组织结构的特点表现为直线发展，在英语段落中，往往由主题句将段落的主旨直接表明，后面的每一句都是在对主题句进行展开说明，并在段落的最后进行收尾。闪族语语篇结构的发展特点表现为平行型，在语篇中，通常采用大量复杂的平行发展结构。以汉语为代表的东方语言，在语篇结构的特点上表现为螺旋型，对主题的阐述是在不同的方面迂回进行的，而不是直接将主题陈述出来以及进行论证。以西班牙语和法语为代表的罗曼语系和俄语具有一定的相似性，他们的语篇结构特点表现为"曲折"型，一些与主题相偏离的内容经常出现在其语篇发展的过程中。卡普兰认为，逻辑是修辞的基础，它从特定的文化中产生，并不是每一种文化中的逻辑都是相同的。所以，语言和文化不同，会对修辞造成影响，同时在不同的语言和文化中产生的修辞具有独特性。经过一系列不同语言修辞模式的比较与研究，我们发现修辞模式和思维模式之间是对应的，并且是相互依存的，不同的文化思维模式和对比修辞实际上是跨语言的，也是跨文化的对比。

在卡普兰的研究中，值得我们注意的包括以下两个方面：一方面在于卡普兰指出的"修辞"实际上就是语篇的结构技巧，而不是传统意义上的修辞。另一方面，他所提出的假设包括五种类型，其中英语语篇的直线型模式和汉语语篇的螺旋型模式是具有对比意义的。由此可以看出，卡普兰的研究在结论上表现出明显的"二元论"的观点。

2. 斯考仑的观点

斯考仑提出了汉语语篇和英语语篇之间存在差异的原因所在，他认为其原因在于汉语语篇的话语模式为"归纳式"，英语语篇的话语模式为"演绎式"。总的来说归纳式就是先将次要论据提出来，再将主要结论推导出来。其结构可表示为："因为A，因为B，因为C，所以D。"说话者需要通过论述多方面的原因来得出相应的结论，在谈话的过程中会对听话者对于话题的理解程度进行试探，只有当说话者认为可以时才引入话题。与这种形式相反的演绎式则是将主题直截了当地表现出来，之后再用次要论点支撑和论证主题。这种直接引入话题的形式，是为了使话题和次要观点与论据的关联变得更加紧密和清晰。所以，在名称上二者又分别被称为"话题延迟模式"和"话题先行模式"。在不同的语言文化中，根据二者的分布情况，我们可以认为不同语言文化之间的差异在很大程度上能够由此反映出来。

由此可以看出，斯考仑将语篇结构的逻辑组织形式作为自己的关注点，对汉语和英语两种主要语种在语篇上的差异进行了更为直接的分析与研究。从以上的论述中，我们可以发现：英语语篇结构表现为"演绎式"，这与卡普兰的"直线型"模式相对应；汉语语篇结构表现为"归纳式"，这与"螺旋型"模式相对应。可见斯考仑等学者的相关研究同样是建立在汉语和英语语篇差异分析的"二元论"观点之上的。

3. 海因兹的观点

海因兹也对汉语和英语语篇结构的差异进行了解释，他在"读者责任型语言"和"作者责任型语言"的区别方面发表了自己的观点。他认为，在语篇构建的谈论与研究中，读者与作者的相关责任问题是一个必须要注意的问题，这一问题实际上就是在语篇交际的过程中，二者在意义的理解和传达上所负责任分别是多少的问题。读者责任型语言的要求是让读者自己将句子和命题之间的逻辑关系和各种语法弄明白，进而对文章作品进行理解；作者责任型语言要求作者对读者的理解尽最大可能的责任，这一类型建立的基础在于读者不了解文章作品的内容。典型的读者责任型语言有古代汉语，古代汉语的文章中没有标点符号，对文章的理解全部依靠读者自己。海因兹认为，现代汉语受到了近代西方语言的影响，并朝着作者责任型语言的方向不断发展，读者责任型语言是现代汉语的主流，但正处于向作者责任型语言过渡的阶段。

海因兹所表达的观点是独特的、新颖的，值得商榷的是"读者责任型语言"和"作者责任型语言"的区别是不是真的存在。在语篇组织安排上，一定存在的是说话者的表述对策和动机的区别，这一区别很可能和文化、历史等内容是相互关联的。海因兹的研究也是直接分析了汉语与英语这两个主要语种的差异，因此，同样是"二元论"的观点。

三位学者都从多个方面对汉语和英语之间的差异进行了解释，看起来是有理有据的，但我们不得不承认这种二元论的观点过于概括，是一种将复杂现象简单化的结果。

（二）语篇差异的文化论

大部分学者都认为，在语篇结构的研究过程中应当使用什么样的方式和类型，与社会文化环境是相关的，与特定的语言是否有关系还不能确定。如果说海因兹的观点是有道理的，这样看来，其原因也不在语言本身的差别，而与霍尔所提出的强、弱语境交际文化的区别是相关的。在强语境交际文化中，读者的"意会"和语境是意义传达的主要形式，作者不需要清晰地将全部的内容都表达出来。但在弱语境交际文化中，语码是承载意义的主要成分，这种交际文化则需要作者将大部分内容或应该交代的内容清晰地表述出来，承担着更多的责任。对于现代汉语，有的学者认为其正在从读者责任型向作者责任型过渡，这种观点如果是一个事实，也并不是汉语本身发生了实质上的变化，也只能说明，中国社会正在改革开放和多元文化的渗透中，从强语境交际文化向弱语境交际文化转型。

1. 文化差异的制约

卡普兰曾认为，汉语语篇呈现出"螺旋型"模式的原因在于受到了传统"八股文"的影响，大部分篇章段落的组织方式为"起、承、转、合"，实际上这便将语篇结构方式归为受到文体特征的影响。对于汉语在表述方式上的特点表现为间接的和迂回的，斯考仑将原因归结为受到中国文化中的传统价值观的影响。西方传统文化与中国传统文化相比，其更多强调的是个体。这样一来，西方人在表述或写作时，往往是突出表现自己的见解、经验，而且是不加掩饰、直截了当的。而在中国传统文化中，个体通常被当作群体的一部分，强调的是群体意识，交际双方的关系和地位以及双方是否被归为同一个整体都是由社会所规定的，这在很大程度上影响着人们的行为。这样，中国人在表述和写作方面通常表现为隐蔽自己的观点于群体观点中，往往引经据典，倾向于使用名言和成语，以此来获得别人的认同。上述这些观点与基姆的观点具有一定的相似性，他区分了"独立自我"和"互赖自我"两种观点，并代表着个体取向文化和群体取向文化两种取向文化。基姆认为人们在话语决策时的差异性导致了每个人的自我观点的不同，通常情况下，自我独立的倾向性和表达的直接性存在正相关关系，而追求和依赖别人认同的倾向性与表达的间接性存在正相关关系。

费尔克拉夫认为语篇结构是受到社会结构中权利关系的影响的。意思就是，在很大程度上，社会的构建模式制约着语篇的构建模式，同时语篇的构建模式又会对社会的构建模式产生一定的强化作用和影响。

因此，有学者认为，在西方文化中，判断语篇好坏的标准是与真实自我的接近程度、态度与观点始终保持一致的程度。他们认为作者写作的过程实际上就是表达自我的过程。中国文化表现出了强烈的社会关系的复杂性和等级的差异性，这便是自我表达采用暗示和间接方式的原因，在一定程度上使得读者能够充当作者的角色，进而产生更加令人信服的效果。

2. 语篇差异的评价

语篇结构的差异能够将传统文化因素的内在制约反映出来，这已经成了一个不争的事实。不同民族之间的语篇结构差异没有好坏和高低之分，实际上体现的是不同的风格。从表述风格上看，中国人遵循的是"论点从哪里来"的方式，一般情况下是先将原因和理由等讲出来，随后再经过一系列的推导，最终得出结论。"论点到哪里去"是西方国家普遍遵循的方式，一般情况下是先将结论表明，随后再对结论进行论证。所以从结果上看，实际上就是路径的差别，目的是一致的。

因受到了东西方传统文化的影响，人们在接受方式和表达方式上是有所不同的，对对方的思辨方式通常不能给予充分的理解，在跨文化的交际过程中这样的误解时有发生。如中国人往往觉得西方人的表达方式过于直接，这种直截了当的表达方式是不礼貌的；而西方人则认为中国人在说话时太含蓄。从不同的角度来看语篇结构的风格和语言表达的习惯，"局内人"和"局外人"对这些方面的解释在很大程度上是有差异的。例如，母语为英语的卡普兰，在他的研究过程中，所选用的研究对象仅仅是不使用英语的外国学生，他的研究结构所代表的仅是局外人的观点，存在一定的误断和偏差。在对外国人进行汉语教学时同样会遇到相同的问题，当英国人或美国人使用汉语进行表达时，我们能够感觉到他们说的是汉语，却没有汉语的味道，这样得出的结论也是片面的、不客观的。假如我们将母语成品作为关注点，再对语篇结构方式进行分析和研究，这样所得出的结论与上述方式相比，可能会客观和真实一些。

（三）语篇差异的类型论

1. 语言文化的多元变异

语言以及由语言构成的语篇实际的应用过程是复杂的，不能将其简单地定义为某种模式。研究表明，同一类的语篇有不同模式共同存在的可能；文体、语境和语类需求的不同又使得每种语言形成了各种差异。单纯地对篇章进行对比，对我们了解更大范围内蕴含的问题是不利的，同时这种简单的对比所得到的结论也往往会产生一定的偏见和误解。

语篇结构实质上就是在特定文化的具体语境中，人们在运用语言来达到交际目的的过程中所形成的程序和习惯性方式。同一种语篇模式在不同的语言中具有一定的差异，但语言的类型和语篇的构建方式二者之间不存在必然的联系。决定语篇构建方式的深层动因是文化，也就是传统的、基本的价值取向，它将怎样看待人和人、个人和社会、外部客观世界以及人与世界的关系等包含在内。这些内容在很大程度上影响着人们构建语篇的结果。

值得注意的是，以"东方""西方"和不同民族为单位所划分的文化群体是庞大的，许多亚文化的差异存在于各种文化的内部，很难作为概括整体的依据，这就需要研究者进行更为细致和具体的分析与研究。斯考仑曾指出："归纳式"和"演绎式"两种话语模式并不存在先天固定存在的亚洲或是西方模式的说法，这样的两种模式在所有国家都是在使用的。所以，斯考仑认为把它们当作不同的修辞战略才是更加准确的做法，因为对于一些情景场合很有可能一种比另一种更加适用。例如，当一个人提出的观点是他自己认为是理所应当的，或者说他自己有充分且有力的理由来支持这一观点的发展，自己认为这样的观点只需要进一步地阐述让其他人理解就可以，而不需要去说服别人接受，选择演绎修辞策略在这一情景场合下更为合适。相反，归纳修辞策略更适合的情景场合通常是说话的人不能确定听话的人能否接受自己的观点，或是不太确定自己对某些话题是不是具有阐述的权利。

事实上，在语篇层面上，将民族语言作为对比的基础，这样的做法是很难成立的，如果仍然想要将语言和特定的文化对应起来，解释的难度就又上升了一个层次，进而变得更加困难。在对各种篇章之间的相似之处进行研究的过程中，我们发现运用不同语言写出来的一些文章和运用统一语言写出来的一些文章相比，前者之间的相似之处更为明显，后者之间的差异在一定程度上也不一定比前者要小。换句话说，就是部分汉语语篇和部分英语语篇之间的相似性要高于相同的汉语语篇或英语语篇，同样的汉语语篇或英语语篇之间的差异性则可能会比不同语篇之间存在的差异性更大。无论哪种语言，都有可能采用任何一种语篇模式或者表达方式。

时代的发展使得生产方式发生了很大的改变，人口的流动速度也随之变得越来越快，不同国家和民族之间文化的多元性已经成了一种极为普遍的现象。可以看出，将语言和文化相对应是将问题简单化处理的结果。以不同语言为母语的人之间会有相同文化的存在，以同一种语言为母语的人之间在文化方面很有可能会存在着深刻的差异。如今由于社会文化多元化的影响，那些使用人数众多、应用范围极广的语言，在不同的群体、地区和国家之中正在发生着一定程度的变异，因此也形成了很多存在差异的话语系统。语言的使用在很大程度上受到了社会文化的影响，不同话语系统的产生实际上就是语言使用上的变异。这样的情况对于跨文化语篇的对比分析和研究来说是一个新的挑战。在语篇层面的对比研究中，所选取的对象不应当是语言系统，而应当是不同的话语系统。因为，一一对应的关系若是存在，也应当存在于话语系统与文化之间。如果不能正确看待这一情况，而是依旧以国家或民族的语言与文化作为对比分析的对象，这样的研究得出的结论必然是与事实相违背的。

2. 语篇类型与话语分析法

越来越多的学者开始认可这样的情况，这就使得当前的语篇对比研究不再像以前那样将正式发表的文章与学生水平测试的写作相比较，而更多地以语篇类型作为可比性的依据。由此，斯考仑提出的话语分析法，对于语篇的跨文化对比研究具有重要的意义。在斯考仑的观点中，对文化差异进行分析的基本单位是话语系统，而不是语言系统，他认为每一个话语系统的意识形态都是有差别的，其话语模式受到了文化观念的制约，并形成了一套独特的模式，部分话语系统会将地域和民族之间的界限跨越过去。也就是说，我们不能以国家、民族、地区或语言为依据来直接对文化进行划分，而要对不同的环境下，话语系统的共享情况和多样性进行充分的考虑与分析。相对于以国家或民族为划分单位的整体文化来说，作为亚文化系统的话语系统，其内部的同质性是非常强的。所以，通常情况下，将话语系统作为文化差异性分析的基本单位所得出的结论是更具有效性的。

坦嫩对英语和希腊语的叙事性语篇和结构进行过研究。在她的分析中，二者的叙事性语篇结构是有区别的，英语的叙事性语篇结构更加简单、如实地记述事情；希腊语的语篇结构则引入了解释和评论。以希腊语为母语的人认为解释和评论的内容是不可或缺的，而说英语的人则认为这些都是多余的。这一研究在向我们传达，对于叙事的内容是否与主题有联系，在不同文化背景下生活的人们的观点并不是一致的。这样的差异并不能说明其和语言本身是有密切联系的，一些美国人虽然不会讲希腊语，但他们有着希腊文化的背景和传统，即便他们说话和写作使用的都是英语，但通常会表现出希腊语语篇结构的特征。

研究者在对英语医学论文和法语医学论文进行比较与研究时，发现二者在描述病情发展过程时是存在区别的。在英语医学论文中，作者对于病情的描述通常遵循时间顺序，将几种病状的变化和发展同时描述出来；在法语医学论文中，作者将几种病情症状分别从头到尾地进行描述，同时还会对病情的发展趋势进行推测。以英语为母语的人觉得这种描述方式是曲折的表现，但说法语的人则认为这是最自然的描述。然而，以法语为母语的人也不认为英语论文中的这种表述方式就是直接的，他们觉得这种多种病状交杂在一起的表述方式会让那些不习惯这种方式的人对论文想要表达的意义难以理解。英语和法语的不同并不是导致英语和法语医学论文在语篇结构上产生差异的根本原因，根本原因是英、法医学界认知观念的不同。英国医学界更加注重理论以及观点的阐述，所以英语医学论文通常使用综述法，将手术或治疗的使用范围更加突出地表现出来，并以此来对一些观点和理论进行论证；法国医学界注重的是临床医疗观察的结果，所以法语医学论文通常使用分述法，对手术或医疗的整个过程分别进行描述，这样有利于其他人对这一经验的重复和验证。

三、语篇差异与语境因素

（一）语篇的衔接与连贯

在语篇对比研究中，学者们往往不够重视语境问题，人们常常忘记语篇事实上是存在于某种特定的环境中的，而不是独立存在的。在进行对比分析研究时，对于语料的选择，我们通常是将语料从它所在的环境中分析出来，然而影响语篇构建的各种因素，如时间、场景、写作目的、作者、读者、与其他语篇的关联等内容，我们却很少看到，这样，语篇就成了一种客观存在的、能够单独进行解析的东西，等着研究者去发现和研究。

我们可以很明显地看出，汉语语篇和英语语篇分别是由汉语和英语写成的，也就是说，语篇之间的差异和语言本身是有着直接的关系的。汉语系统和英语系统的内部构造的差异是多层面的，这必然会对实际完成的语篇的面貌造成一定的影响。汉语语篇和英语语篇使用和产生的语境具有一定的差异，二者的制造者以及本身拥有的或是潜在的消费者，在生活的社会环境和文化传统方面都是不同的。汉语语篇和英语语篇之所以能够形成各自的特征，就是因为语境的不同。如果不能清楚地认识到这一原因所在，我们就无法知道它们之间为什么会有这样的差异。语篇的实际面貌和构建方式必然会受到语境改变的影响。实际上，现实生活中没有两个完全一样或是一成不变的语境，不管是情景语境还是社会化的大语境，由始至终都是在变化的，只是在变化的快慢和程度上存在一定的差异。

衔接与连贯是语篇研究中谈论得比较多的内容，在语言学界影响巨大的衔接理论是由韩礼德和哈桑所提出的，事实上他们并不认为语篇的连贯性是由语篇的衔接所决定的，但他们将衔接放在了一个非常重要的位置上，这样，当人们谈论连贯时，就会自然地谈到衔接，衔接方面的对比在语篇对比研究中处于非常重要的地位，也是极大部分语篇对比要涉及的内容。当然，也有很多学者质疑韩礼德和哈桑所提出的衔接理论，这是因为衔接理论中所包含的衔接类型涉及的内容并不全面，没有涉及像语音语调、时态语态等起到衔接作用的其他语义联系，所以不能作为完全解释语篇连贯机制的理论。有的学者认为首先要搞明白的应该是"到底是衔接导致连贯，还是连贯产生衔接"的问题。衔接只是连贯的一种外在表现。实际上，对于语篇连贯与衔接的研究，我们只能对语篇中凸显出来的衔接特征进行统计和分析，或许隐藏在语篇之中的那些特征对于语篇的构建是更重要的。语境对语篇的连贯性具有一定的影响，没有明显衔接特征的语篇在特定的语境下能够具有连贯性，语篇的构建通常针对的是特定的场景，作者与读者在具体语境环境中的互动对语篇的构建具有决定性作用。由此看来，语言之外的因素往往是语篇连贯所依赖的主要内容。例如，为达到交际者之间的相互理解而进行的协调和一些知识共享都属于语言之外的因素。

在本质上，语篇的连贯程度与文化和语境具有紧密的关系。部分研究表明，在阅读过程中，非本民族语使用者遇到的最大困难之一便是话语的文化连贯，而不是语篇内部的衔接。例如，Although he was over 28 years old, he still lived at home.（尽管他已经28岁了，却还住在父母家里。）美国人对于这一例子中的情况是能够理解的；在其他的一些文化环境中，成年人跟父母住在一起是一件很平常的事，生活在这种文化环境中的人就难以理解这句话。这就可以看出，在很大程度上，连贯依赖于文化和语境。

（二）语篇的期待与理解

在不同的文化环境下，人们对语篇连贯的理解与期待是存在差别的。为实现连贯而使用的衔接手段和方式能够体现出语篇之间的差异，这种差异往往存在于对连贯的理解和期待之中。不同的文化对连贯的认识有着不同的观点。

在语篇构建的方式上，西方人和印度人之间存在着很大的差别，印度人即便是使用英语，也和西方人是不一样的。迪山那雅卡认为逻辑思维方式的差异是印度文化和西方文化不同的原因所在。在印度文化中，他们不主张二元论，承认价值的相对性，认为真实存在于每一个事物之中，这种真实是相对的，是众多变化的经验形式中的一个。在超经验层面，事物是即此即彼或非此非彼的，而不是非此即彼的。在经验层面，印度人依旧认为一种中间状态或过程相互联系的整体，是没有明显的边界的。在对印度和西方国家的演绎推理进行比较的过程中，我们可以清晰地观察到他们之间存在的差异。大前提、小前提、结论的三段论形式是西方国家演绎推理的过程，如下例所示：

①什么地方有烟就会有火（大前提）。
②山上有烟升起（小前提）。
③山上有火（结论）。

而印度的演绎推理则由五部分组成，即命题、理由、例证、施用、结论，如下例所示：

①山上有火（命题）。
②因为山上有烟升起（理由）。
③什么地方有烟就会有火（例证）。
④山上的情况就是如此（施用）。
⑤所以山上有火（结论）。

从这两种演绎推理中可以发现，印度的演绎推理与西方国家的演绎推理的顺序是相反的。逻辑在修辞和语篇组织方面具有很重要的作用，印度和西方国家在逻辑上的差异使得二者在语篇构建上各自形成了自身所特有的方式。西方人往往认为印度人的思维是混乱的，话语也缺少一定的逻辑性，产生这种情况的原因是西方人在判断其他文化的语言行为时，运用的是自己的逻辑方式。事实上，语言的使用是文化风俗的一种，在一定程度上，语言运用的情况是由逻辑推理的方式所决定的。人们在使用外语时，同样会受到在学习母语过程中形成的语言习惯的影响。印度的英语与美国或英国的英语相比，其差异会体现在很多方面，如词汇、语音和语调等方面，同时还在篇章模式上体现出了更大的差异。

西方人的思维方式往往是直线式的，他们的思维方式是以古希腊罗马学传统为基础的。在埃姆斯的表述中，我们可以发现在西方人的逻辑思维中，他们对于事物的解释是通过一个不变的、基础的以及显露的真理之间的关系进行的，通过"一"去理解"众"是其重点所在。意思就是,许多特定的现象都会运用一个普通的真理来进行解释。西方人的演绎式和归纳式逻辑通常表现为直线式思维。两种逻辑方式都是直线式的,其区别在于演绎式逻辑是从一般性的前提直接向特定的个例推进,而归纳式逻辑恰好是相反的,是从特定的个案向一般性的结论进行归结。相比之下,东方人的思维方式表现为图形式,而不是直线的,有着人学、道学和佛学的传统,完全区别于柏拉图-亚里士多德思想体系。这样的思维方式给我们提供的是不同的想象是怎样以复杂的体系和模式相互关联的整体的角度。图形式的逻辑所形成的思维关联是非线性的,它从一个特定的理念出发,之后发展到很多相关的理念之中,进而找到聚在一起的事物之间的关系,而不是从一般性结果到特殊性理念,也不是从特殊性理念到一般性结论的直线式思维方式。

当今世界,英语已经成为全球的通用语言,直线式的思维对世界各国有着重大的影响,西方文化也在全球占据着重要的地位,同时在第二外语和外语教学现状的促进下得以加强。如今,无论学生们的母语是什么,如果想要通过考试,就需要按照直线发展的方式写作英语,这往往与他们的前途有着紧密的联系。另外,学术研究者如果想要发表英文论文,也必须要运用直线的方式来写作。有人认为西方的思维方式是武断的,没有见到事物,而只是见到了理念,会对相互间的理解造成一定的影响;有的人认为,实际上如今的英语教学承载着许多包含话语模式在内的西方文化的内容,也正是因为话语模式才使得跨文化的交际产生了误解。

第二节 篇章的粘连性与连贯性对比研究

一、篇章的粘连性对比

(一)结构粘连对比

如今,有两种语言手段能够表现出篇章的粘连性。一种是使用重复某一结构的方式,在形式结构上增加篇章的凝聚力,这种手段叫作句法粘连。例如,排比是一种常见的表现手段,在许多语言中都有所应用,典型的例子就是美国黑人宗教领袖马丁·路德·金的著名演说《我有一个梦》。演说中运用了大量的排比句,对于主题"我有一个梦"反复强调,是整场演说的主旋律,使全篇浑然一体。但从本质上看，排比句与句子的内部结构没有直接的关系，也不受其制约。这样的结构粘连还将句子之间的时态呼应包含在内，然而形态特征决定了语言之间在这一方面的区别，与篇章组织本身没有直接的关系，也不能将不同语言之间的篇章结构特征体现出来。

另一种语言手段是对句子的篇章功能进行重点表达。这就是句子的信息结构和主述位结构。在一定程度上，语言的主述位结构受到语言内部的句法结构规律的制约。由于不同语言的句法结构规律不同，句子所具有的主述位结构也大不相同。同时，为了使篇章具有粘连性，需要将相似的句子成分当作主题内容时，不同的语言所采用的句子结构是不同的。

例如，要回答"What happened to the cheese？"这一问题，一般必须将the cheese（奶酪）作为主题，因为这是已知信息。因而在瑞典语中可以说"Osten åt råttan."。虽然英语和瑞典语的关系很近，但对于上述的意思，英语却不能采用相同的句子结构来表达，如"The chess ate the rat."，而必须改用被动结构，说成"The cheese was eaten by the rat."。

在英语中，为了使篇章具有粘连性，必须将宾语前置，但由于受到内部句法规律的制约，宾语不能放在主语和谓语之间，只能放在主语前面。而在汉语中，前置的宾语可以放在主语与动词之间。

同时，在汉语中，还一种特殊的结构——"把"字结构，在这样的结构中，可以将名词前移到动词前面，这使得汉语中的句子结构灵活性更大，更有利于满足篇章组织的需要。比如，要回答"What did the rat do to the cheese？"这一问题，就在信息结构方面，把 the rat（老鼠）和 the cheese（奶酪）都处理为已知的信息，并将两个成分同时放在主位上。汉语中的"把"字结构便可以做到这一点，如"老鼠把奶酪吃了"。从上下文中我们可以看出，这句话的重音应该放在"吃"上，因而"老鼠把奶酪"是句子信息结构中的已知信息，"吃"是未知信息。同时，"老鼠把奶酪"位于句首，因而也可以看作句子主述位结构中的主位。这样，这句话中的已知信息和主位重合，成为句子的主题，清楚地表现出与"What did the rat do to the cheese？"的篇章粘连。而在英语中，如果要回答这一问句，我们只能说"The rat ate the cheese."。这句话中的 the rat 和 the cheese 都是已知信息，但是只有 the rat 才能成为句子主述位结构中的主位。因此，与"老鼠把奶酪吃了"相比，英语的这句答句，在主述位结构上只能部分地表现出与"What did the rat do to the cheese？"的篇章粘连。

英语和汉语在语言类型上的差别决定了二者主述位结构上的差别。语言学家早就注意到了汉语中主语的确定和其他语言相比是相对困难的。据此，相关学者认为，语言可以分为主语显著、主题显著、主语主题都不显著和主语主题都显著四种类型。在主语显著的语言里，很容易将句子中的主位关系辨别出来，主、谓语是句子的基本构成成分。但主位关系在主题显著的语言中，不是经常能够被容易地辨别出来的，在这种语言中主题和述题的关系是句子基本结构的体现，而不是主语显著的语言中的主谓语之间的关系。通常情况下，主语显著的语言为英语，主题显著的语言为汉语。

主语和主题所处的环境是有区别的，句法结构分析是主语所处的环境，主题则处于篇章结构分析中。由此可以看出，主语显著的语言是一种偏向句子型的语言；主题显著的语言倾向于篇章型语言。汉语是主题显著的语言，所以在篇章的语境或上下文中，汉语很容易将一个或多个已知的信息成分同时主题化。例如，在"豆子喜欢我""我豆子喜欢"两句话中，可以将"豆子"和"我"看作句子中的两个主题。其中，前者中的"豆子"是第一主题，第二主题是"我"这种结构在"豆子我喜欢，他却不喜欢"这样的句子中是常见的。两小句中共同拥有的大主题是"豆子"，句子的小主题是"我"和"他"。而在"我豆子喜欢"这句话中，"我"是第一主题，"豆子"是第二主题，这种结构经常使用于"我豆子喜欢，茄子不喜欢"这样的句子中，句子的大主题是"我"，小主题是"豆子"和"茄子"。

篇章结构粘连的对比还包括句子主述位结构在篇章段落中的发展模式。在这样的对比中，对比语料常采用语域对应的篇章材料。例如，每种语言随机选取 24 个段落来进行分析。研究发现，段落中相连句子的主述位结构的组合具有一定的规律性，表现在以下四个方面。

①第一句的主位成为以后各句的主位，其结构如下（括号中的内容是这种结构的形象说明，下同）：

主位 1——述位 1（猫吃老鼠）

主位 1——述位 2（猫睡觉）

主位 1——述位 3（猫互相追逐）

②第一句的述位成为以后各句的主位，其结构如下：

主位 1——述位 1（猫吃老鼠）

主位 2（=述位 1）——述位 1（老鼠住在洞里）

主位 3——述位 3（老鼠偷东西）

主位 4——述位 4（老鼠很难捉到）

③第一句的述位成为以后各句的述位，其结构如下：

主位 1——述位 1（猫吃老鼠）

主位2——述位1（狗吃老鼠）

主位3——述位1（蛇吃老鼠）

④前一句述位成为后一句主位，其结构如下：

主位1——述位1（猫吃老鼠）

主位2（＝述位1）——述位3（老鼠住在洞里）

主位3（＝述位2）——述位3（洞常筑在旧屋里）

主位4（＝述位3）——述位4（旧屋无人居住）

从上述研究结果中可以看出，第一种段落结构的应用，法语多于英语；第二种和第四种段落结构的应用，英语多于法语；而第三种段落结构只应用于法语中。

（二）语义粘连对比

韩礼德和哈桑认为，在篇章中照应、替代、省略、连接和词汇粘连是构成语义粘连的语法和词汇的种类。仅使用其中的一种不一定可以形成粘连。这五类语法和词汇形成粘连项目的前提在于对其理解取决于对篇章中其他语言项目的理解。篇章中的其他语言项目叫作预设项目。也就是说，粘连项目的形成是假设篇章中的一些语言在语义方面与其有着密切的关系。

例如，在语义上具有照应作用的"他"这一人称代词，如果一个人指着他身边的某人说："他是我堂弟"，在这种情况下，"他"指代的是这段话所处情境中的某个人。事实上，只有语内照应才能构成篇章粘连，但上述中所说的"他"所表达的照应是语外照应，并不是语内照应，所有篇章粘连是补充构成的。如"小李今天没有去上学，他又病了""小李今天没有去上学，这孩子又病了"。如果第一个句子中的"他"指的是前面一句中的"小李"，第二个句子中的"这（孩子）"也是指前面一句中的"小李"，那么这种照应是语内照应。"他"是一个人称照应粘连项目，"这（孩子）"是一个指示照应粘连项目，"小李"分别是这两个粘连项目的预设项目。

语法体系在不同的语言中是有区别的，不同语言即便是在相同或是相似的情景或场合中，所选用的粘连手段也很有可能是不一致的。例如，英语中动词短语常用的代替形式 do，在篇章中就是代替粘连项目，如"A: Did you come yesterday？B: Yes, I did."，B 所说的 did 意为 came，因此这两句话通过动词替代粘连，取得衔接的效果。而汉语中没有类似的动词替代形式，因此在相似的篇章上下文中，只能采用其他的粘连手段，如"A: 你昨天来了吗？B: 来了"。B 所说的"来了"，意为"我昨天来了"。答句省略了前半句，只重复了问句中的"来了"。因此可以说，这两句话之间的联系，部分是通过省略粘连，部分是通过词项重复粘连来取得的。

在英汉篇章粘连对比中同样会遇到与上述相似的情况。例如，在英语和汉语两种语言中常常使用人称照应粘连的手段。但我们可以看出，汉语的人称照应粘连手段，有的时候会将人称代词进行省略，这样的照应形式被称为零回指照应，特别是句子主题为人称代词时表现得尤为明显。

请看下面一段文字：

柯灵，生于1909年，浙江省绍兴人，中国现代作家。1926年发表第一篇作品叙事诗《织布的妇人》；1930年任《儿童时代》编辑；1949年以前一直在上海从事报纸编辑工作，并积极投入电影、话剧运动。新中国成立后，曾任《文汇报》的副总编辑。现任上海电影局顾问。

上述一整段文字都是有关柯灵这一个作者的介绍，我们可以清晰地看出，在这一介绍中，首句中"柯灵"这一主题词出现之后，后面的主题都进行了省略。汉语还可以使用人称照应的粘连手段。例如，可以在上述的汉语段落中加入"他"字。但是为什么在汉语中要使用零回指的照应手法，而在英语中要使用人称照应的粘连手段呢？零回指的照应手法和人称照应的使用又分别适用于什么样的场合呢？《倪焕之》《家》和《子夜》是三部现代汉语小说，我们对其中的零回指照应和人称照应的基本情况进行了探究。结果发现，当句子主题由照应粘连项目承担时，以下的五种因素会对零回指的使用造成一定的影响。

1. 篇章因素

篇章因素主要包括两个方面：一方面与篇章段落的信息结构有关，如段落中相连的句子是在描述相同的人或事物时，在这一篇章段落中则可以使用零回指照应。另一方面与段落中相连句子的结构特征相关。通常情况下，段落中的句子如果结构非常简单，且句子较短，在这一篇章段落中也可以使用零回指照应。在上述柯灵的人物介绍的段落中，五句话都结构简单、句子较短，并且都是在描述同一个人，因而在这一篇章段落中能够使用零回指照应。

2. 语义因素

语义因素在影响零回指照应的使用情况上也包括两类：一类是整体语义因素，如果整个篇章段落语义结构的组织核心是一个人或事物，这样的语义结构特点对零回指照应的使用是有利的。第二类是局部语义因素，如果句子中的成分所表达的语义关系可以将什么人做什么事清晰地表达出来，同时前后句之间有一定的联系，在这样的篇章段落中，通常使用零回指照应。在上述对柯灵的人物介绍的段落中，整个篇章语义结构的组织核心是"柯灵"，从第二句开始，每个句子中的动词短语所代表的活动，都是一位作家所从事的相关活动，人们也能够直接看出这些动作都是由作家实施的，并且指的是"柯灵"这一整个篇章的核心。因此，虽然第二句以及后面的句子都使用了零回指照应，但没有对读者的理解造成影响。

3. 语用因素

语用因素包含的内容较多，作者所遵循的合作原则是其主要的方面。当作者认为读者可以从背景知识或上下文中明确其中的粘连关系时，作者会更多地选择使用零回指照应。作者的语用意图也是语用因素包含的一部分，例如，当作者想要将主题与其他内容进行对比或想要突出主题时，往往不采用零回指照应。

4. 语体风格因素

零回指照应的形式有时可能会引起一些误解或歧义，所以在法律文件中一般不使用零回指照应。在小说中零回指照应的使用，往往取决于作家自身的风格。例如，在语言风格方面欧化较小的作品《倪焕之》，在零回指照应的使用上较多。在五四运动以前出版的现代汉语小说中，零回指照应用得更普遍些。

作者零回指照应的使使用情况受到上述四种因素的共同影响，四种因素也是相互作用的。但这些因素只是影响作者对零回指照应使用情况的充分条件的一小部分。从根本上说，语言的篇章句子结构类型是决定这种语言能否使用零回指照应的必要条件。

5. 主题显著

在语法方面，主题和述题在主题显著的语言中是不存在限制的，所以在这样的语言中才能使用零回指照应的形式。但在主语显著的语言中，主语和谓语受到了如数字、人称等内容的限制，所以如果将主语省略，语法关系就没有办法表现出来。例如，即便英语篇章段落中的句子长度较短，结构简单，描述的也是同一个主题，但由于英语语言的主语显著不具备使用零回指照应的条件，所以只能采取使用人称代词的照应粘连形式。

有时，即便两种语言在语义上或粘连手段是相同的，所使用的指称功能也完全有可能是不同的。在这里我们以汉语和英语中常用的指示照应粘连项目为例，也就是汉语中的"这"和"那"，英语中的 this 和 that。汉语中的"这"和英语中的 this，在语义上表示的都是近指；汉语中的"那"和英语中的 that，在语义上表示的都是远指，并且两组内容是相互对应的。但这两组内容在指称功能上却是不相同的。

一般情况下,产生这种差异的原因是,在各自的语言中,英语和汉语的指示词所承担的功能负荷是不一样的。英语中 that 的功能负荷量大于 this。有研究者曾对美国和英国英语词汇的使用频率进行过统计,其中 that 和 this 的具体使用情况如表 5-2-1 所示。

表 5-2-1　英语指示词的使用频率

英语指示词	频率位次 / 位	绝对使用频率 / 次
this	22	5 278
that	7	11188

由表可知,that 在使用频率位次上排在第七位,也就是说,that 是英语中第七个最常用的词,this 则排在了第二十二位。that 的绝对使用频率远远超于 this。当然,that 除了用作指示词之外,还可以用作关系代词。

汉语中"这"的功能负荷量大于"那"。对汉语词汇中"这""那"的使用情况的抽样统计如表 5-2-2 所示。

表 5-2-2　汉语指示词的使用频率

汉语指示词	频率位次 / 位	绝对使用频率 / 次
"这"	12	2 845
"那"	27	1 398

从表中我们可以发现,在频率位次上,"这"的绝对使用频率要远远超过"那"。功能负荷量的不同使得中英文中指示词的使用情况产生了差异,如在汉语中使用"这"的场合,英语中就会使用 that。

一般情况下,汉语在表示距离的远近时,还受到心理因素的影响,所以,有时汉语近指词"这"也会用来指远处的事物。英语指示词在表达距离时则与现实的实际距离相一致。例如:

这倒难以说定。可是你只要看看这儿的小客厅,就得到了解答。这里面有一位金融界的大亨,又有一位工业界的巨头。这小客厅就是中国社会的缩影。

It's a tall order, your question but you can find an answer in the next room. There have a successful financier and a captain of industry. That little drawing-room is Chinese society in miniature.

在这个语段中,双方所在的地点是吴公馆,所以"这儿"指的就是吴公馆,也就是说"这儿"这一指示词是在表示真实的空间距离。第三句和第四句中的"这里面"和"这小客厅"指的都是前面的"小客厅",所以第三、四句中的"这"都是指示照应粘连词项。但实际上那间小客厅指的是隔壁的房间,而不是谈话双方所处的位置。汉语中通常是用远指词"那"来表示小客厅和交谈双方的距离。但交谈双方将讲述小客厅中发生的事情作为重点,所以小客厅是双方心中的中心内容,因此连续使用了两个"这"来表示心理上的距离。但在英文翻译版本中,远指示词"there"和"that"是与近指示词"这"相对应的。

在时间距离上也是如此。例如:

她到现在还记得很明白的是在五六年前的土地庙的香市中看见一只常常会笑的猴子,一口的牙齿那么白!但这也是她最后一次快乐的纪念。

She could still remember the monkey she had seen several years before at a temple fair at home—it kept grinning and showing a mouthful of gleaming white teeth. That was her last, happy memory.

在这个语段里,第二句中的"这"指的是第一句中的"五六年前"发生的那件事,因而"这"是个粘连词项。"五六年前"的事件实际上距离现在较为久远,但是由于这是她最后一次快乐的纪念,而且直到现在还记得很清晰,在心理层面上,这件事就像刚发生一样,所以在这里使用了"这"来表示心理上的近。但在英文中我们可以看到,使用的是远指示词 that,表达的是时间上的久远。在汉语中近指示词比远指示词使用频率高就是由心理层面化远为近的成分造成的。

二、篇章的连贯性对比

(一)相似语义结构的表达形式对比

在篇章中,命题和概念通常是由词和句子来表现的。在不同的语言中,词汇和语法的表现方式是有所不同的,即便是相似篇章语义结构的表现形式也会产生一定的差异。所以,在篇章连贯性的研究中,我们可以以在不同语言中篇章结构的表达方式为出发点。在连贯性对比研究中,我们通常将翻译对应的篇章材料作为语料,这样使材料在语义结构上是相同的。

对篇章语义结构的分析是篇章连贯性对比研究的重要前提。篇章在类型上是有区别的,在叙述体篇章中,事情的前后经过是贯穿整个篇章的主线。有学者提出了新的模式来对叙述体篇章进行分析,即以事件链为主线的语义结构分析模式。事件链由活动和各活动之间的联系构成。活动的表达通常由动词或动词短语来实现。

在叙述体语义结构中,参与者是其中至关重要的一部分。一般情况下,事件链中涉及的人就是参与者,但在广义的参与者中,还包括事件链中涉及的全部事物。在分析模式中,参与者主要是指狭义的参与者,当然也包括童话或寓言故事中各种活动的直接参加者,如动物等。根据参与者在活动中扮演的角色,参与者与活动之间的关系可以分为施事、受事、目标、受益者等几类大致相当于深层语义格的关系。有的参与者不仅与某一项具体活动发生关系,而且还是整个事件链中的主要参与者,这一参与者便构成了叙述体篇章中与事件链平行的另一条结构线。

(二)篇章语义结构的惯用模式对比

事实上,格利森的篇章对比模式,一般只适合于采用翻译对应的语料来对叙述体的篇章进行对比,所以具有相似语义结构的篇章在两种语言中的表达方式是比较的重点。这样的对比,可能不能将不同的语言在篇章语义结构方面不同的特点正式地反映出来。因此,如果想要真正地对不同语言之间的篇章语义结构的差异进行对比,就必须要分析篇章组合的惯用方式。篇章的组合方式反映了人们的思维模式,具有文化和语言的特殊性。在对篇章语义结构和组合方式进行分析的过程中,我们可能会发现人们的思维模式在不同的语言环境中是存在差异的。

例如,直线型是英语语篇组织和发展的特点,英语语篇段落往往是在开头点明中心思想,后面再围绕这一中心思想进行表述。东方语言中的篇章发展呈螺旋型,中心思想往往是采用迂回的方式来加以阐述的。闪族语篇章的发展则呈平行型,因为闪族语在篇章组织中往往会采用一系列复杂的平行结构。罗曼语和俄语中的篇章组织方式具有一定的相似性,都呈曲折型,因为这两种语言的语篇中包含一些与中心思想相偏离的插曲。

卡普兰所提出的观点,可以从雷金特所做的篇章结构对比中得到证实。雷金特对60篇医学专题相同的英、法医学文章的结构进行了研究。研究表明,尽管一些应用语言学家认为,频繁的现代科技交流,必然促使科技语体的文章采用国际通行的统一结构模式,但是英、法医学专业论文在篇章结构上仍具有各自鲜明的特点。

首先,从篇章的排版上看,英、法医学论文给人的表面视觉印象有很大的不同。英语医学论文中只采用了一种排印手段——首行缩进,整体看来给人一种单调厚实的感觉。但这唯一的排印手段也应用得较少，所以每页一般只有三到六个段落，与法语相比，段落较长。但在法语医学论文中，则运用了大量的排印符号和手段，将篇章分割为一系列具有层级性的结构单位，以突出某些医学论据与资料。这样，法语医学论文在整体编排上显得有些支离破碎。有时在同一篇文章中，同一印刷表现手段用来突出不同类型的篇章单位。比如，破折号后接排斜体字，有时用来表示细目分类，有时则用来表示讨论中所列举的诸要点。

英、法医学论文在版面编排上的不同，实际上反映了两者在语义结构上侧重点的不同，同时也反映了英、法医学界对医学科学的态度不同。法语医学论文侧重于介绍临床医学资料，而不是阐述某种观点，因而论文的篇章组织是围绕诊治资料进行的。为了清楚醒目，每一类重要的资料都用一种特别的排印手段来表示，分段排列，并加上小标题，以与其他类型的资料相区别。有时，这种版面安排的效果适得其反。各种印刷表现手段的运用本来是为了清楚醒目，突出某些要点，但由于用得过多，真正的重点反而被埋没了，人看了感到眼花缭乱，不得要领。

英语医学论文不仅仅是对临床资料的介绍，更注重于观点的表达。虽然英语医学论文在编排上略显单调，但篇章在内容组织与层次安排上，都遵循着严格的规则，每一个段落的中心思想都会在第一句话直接告诉读者，这也使得读者能够容易找到所需要的信息。

其次，在篇章的组织结构方面，英、法医学论文也有许多不同之处。比如，对腹腔手术过程的描述，在英语论文中通常由一个段落来承担。第一句主题句不仅点明该段讨论的内容，而且还采用某些手段，使该段与前面一段有机地衔接起来。以后各句分别说明个别病人没有动手术的原因，以及接受手术治疗的病人的身体条件和手术内容与经过。整段描述都采用过去时态。

法语论文则是通过多个平行的小段落来分别描述手术过程中的每一个环节。段落排列以手术的先后顺序为依据，段与段之间以及整段描述与上下文之间并没有粘连衔接。整段描述的主题通常通过小标题的形式表现出来，这与英语篇章中的主题句作用相同。描述的开头和结尾两句用的是过去时，其余各句则都用现在时。现在时的运用，使描述带有不受时间限制的色彩，这是英语同类篇章所没有的。

英、法医学论文在篇章结构方面最显著的区别在病历描述部分。英语论文按照时间顺序来简述病情发展过程，全部采用过去时。但在法语论文中，对病例的描述却像是在说书，不时插入采用过去时的倒叙和采用将来时的对前景的估测。这一差别,似乎是对卡普兰提出的不同思维模式的最有力证明。因为从病例描述的形式上看,使用英语的人习惯于采用直线型的思维表达方式;法语实际上是罗曼语的一种,使用罗曼语的人习惯于采用曲折型的思维表达方式,在描述中带有不少不必要的插叙。

卡普兰的观点还可以从其他一些方面得到证明。例如,卡普兰在对母语是阿拉伯语的学生所写的英语作文进行分析后指出,这些学生往往会将闪族语(阿拉伯语是闪族语的一种)中的平行型篇章组织结构运用到他们的英语作文中去。希伯来语也是闪族语的一种。

不过总的来说,我们认为,卡普兰所归纳的几类语言在篇章结构上的差别是不够全面的。因为众多因素都会对篇章和段落的组织结构造成一定的影响。即便是处于相同语言环境中的人,在不同的情景中,所采用的篇章形式也有可能是不同的。

另外,卡普兰所提到的几种思维模式,可能是在其他因素的相互作用下形成的。文化价值观就是其他因素中的一个。比如,雷金特的研究表明,英、法医学论文在篇章结构上的许多不同特点,都可以归结为英、法医学界对医学研究的态度不同:法语医学论文注重临床医疗观察结果,而英语医学论文注重阐述某一观点。这种对医学研究的态度实际上也是一种文化价值观:法语医学论文重经验,英语医学论文重理论。正是由于法语医学论文重经验,因而在手术描述中倾向于采用分述法,将整个过程按顺序分别加以描述,以便使别人能检验和重复这一经验。也正是由于英语医学论文重理论,因而在手术描述中倾向于采用综述法,突出手术的适用范围和效果,以论证某一理论或观点。

卡普兰认为,在思维模式方面,除了英语,其他的任何语言都是非直线型的,这一观点似乎是以英语文化为中心而得出的。根据雷金特的研究中最能直接证明卡普兰的观点的英、法病历描述结构来说,在病情发展过程中,尤其是在复杂的病情中,一般会在多个方面都出现一些症状。英语医学论文中的直线描述,实际上是一种绳索型结构。也就是说,在描述过程中,将几种不同症状的发展情况同时按时间顺序加以交叉描述,其结构犹如一根由几股纤维搓成的绳索。这也是英语医学论文更多地采用综述法的原因。但法语医学论文往往采用分述法,也就是将几种症状分别从头到尾加以描述。同时法语医学论文对于经验更加注重,在描述病症发展时,往往会依据经验对病症的发展趋势进行推测。这样,处于英语环境下的人便认为在法语病例描述中添加的一些内容是不必要的,描述形式是曲折的。而对于处于法语环境下的人来说,这样的病例描述方式是按各个症状发展的时间顺序分别叙述的,对每个症状的描述仍是直线型的。所不同的是，整个病历描述呈平行型结构，而不是绳索型结构。同样，在说英语的人看来，注重报道的英语叙事性篇章是直线型的，而注重解释的希腊语叙事性篇章似乎加进了一些不必要的主观猜测。处于希腊语环境下的人则认为，任何事情的发展都具有一定原因，在事情的描述过程中，不仅要将事情的经过表述清楚，还要将事情的前因后果说明白。在他们看来，这些解释也是与故事直接有关的，因而他们的篇章也是呈直线型发展的，并没有加进不必要的插曲。

某些语用原则的程式化也是影响思维模式的因素之一。如汉语的螺旋型思维模式与中国古代"八股文"的结构具有一定的联系。

当然，想要得出准确的结论，还需要通过大量的研究来加以论证。语言对比和文化对比之间是存在一定的关系的，这一点可以说是没有争论的，其中与文化对比联系较紧密的是语用、篇章、词汇等方面的对比。有些篇章的特点还可能不将语言作为媒介而流传下去。例如，在坦嫩的研究过程中，解释性称呼和解释性描述等典型的希腊语篇章特点同时出现在一位说英语的美国学生的篇章中。随后经过对这名学生的深入了解发现，虽然她自己不会说希腊语，但她却是希腊人的后裔。由此看来，民族文化传统对篇章的特点是有影响的。篇章特点与文化传统的关系确实是一个值得研究的领域。

20世纪70～80年代的对比修辞研究主要围绕两个中心进行：①对卡普兰的观点在思想观念和方法上的可行性和存在的问题进行讨论和检验；②对扩大对比修辞研究范围的可能性和必要性进行探讨。对于这两方面的研究，我们需要在理论指导的基础上进行。因此，卡普兰指出有必要建立对比修辞理论体系。马丁也对此做出了回应，并以篇章语言学理论为基础，提出了一个可供实际对比修辞研究采用的宏观篇章描述框架。他认为，对比修辞的研究范围应当得到扩大，应将影响篇章产生的其他因素也纳入对比的范围内。

康纳对三十年来的对比修辞进行了回顾和总结之后也认同马丁的观点，并指出了篇章语言学对比研究领域未来发展的五大趋势：①研究应结合篇章产生的环境，对各种不同类型的篇章进行对比，探寻语言之间的差别，同时应加强国际合作，逐渐摆脱民族中心主义的观念；②对不同语言文化背景下学生学习写作的情况进行研究，了解各民族写作的习惯与风格；③篇章模式正在向全球化的趋势发展，对外语学生所写文章是否合格以及怎样才算是接近本族语人的写作水平的研究是必要的；④研究外语写作课堂中，教师与学生对篇章、读者、作者等相关内容的看法与设想；⑤研究性别因素对篇章产生和外语习作的影响。

显然,以上五大类研究具有很大的理论意义与应用价值,在这一研究领域中还有很多有意义、有价值的内容值得我们去研究。

第三节　语篇结构差异的对比分析

为使听话人和读者在理解过程中建立起相应的期望,人们在说话和写文章时,一定要遵循约定俗成的语篇或话语的组织规律。但是,生活在不同文化背景下的人们,在思维方式、价值观念等方面有很大的差别,导致语篇结构也产生了一定的差异,这就为人们的跨文化交际带来了很大的困难。对于学习外语的人来说,即便是掌握了外语的语法结构,但由于缺乏对外语语篇组织规律的认识,其经常会将母语的篇章组织规律运用到外语中,从而造成语篇结构的差异,导致交际失误。

思维结构会对语篇组织规律产生一定的影响。由于东西方的思维模式具有明显的差异,其语篇组织规律也一定会存在显著的差别。实际上,卡普兰的观点是有道理的。思维方式的差异是语篇存在差异的根本原因所在。从相对倾向来讲,直觉、具体、圆形是汉语语篇结构的特征,分析、抽象、线形是英语语篇结构的特征。在这一节中,我们将进行跨文化的比较,并以汉语语篇和英语语篇为基础,对二者的思维模式进行研究。

一、汉语和英语的语篇结构差异

(一)汉语语篇结构的思路

思维方式影响语篇结构,在思维方式的影响下,中国人的语篇结构特征是直觉、具体、圆形的。在文章撰写方面,中国人通常是先将思想发散出去,再收回到原来的起点上,这就使得其话语或语篇结构呈圆形。在说话时,中国人通常是避开主题,用较委婉的方式与人交谈或表述自己的思想,通常是将自己的想法和结论以及对别人的意见和要求等放在最后;在讨论问题时,也是遵循循序渐进的发展过程,而不是直接将主题表达出来;在向其他人提要求时,人们也是等到双方对彼此理解和认同时,才会将要求提出来。这是一种逐步达到高潮的方式,层层推进,渐入佳境。

所以,表示因果、条件、转折、让步等关系的句式在汉语语篇的表达中较为常见,如:

因为 A……，B……，C……，所以 D……。
如果 A……，B……，C……，那么 D……。
虽然 A……，B……，C……，但是 D……。
尽管 A……，B……，C……，但是 D……。

其中，逻辑推理由原因和条件体现出来，语用预设的手段为转折和让步，应放在重要内容的后面。

下面是一段中国营销人员与美国商人的一次商业谈判的录音：

Irving（美国商人）：Oscar，anything else to add？ Your line of business is，again，quite different from what PK and Tony have. And，in your line of business. I presume market information will be quite important.

Oscar（中方人员）：Yes. What have been mentioned previously by the three gentlemen，I think they are quite sufficient to cover all the basic requirement of a salesman. My business is textile. The quality of the salesman，need something different. Because the volume of making sales in textiles is about at least to over ten thousand U. S. dollars，sometimes. So that is the problem！ That is whenever anybody who makes a decision to buy such. Willing to pay such amount. We'll make sure their financial aid is strong！ And，then？ Sometimes the market may suddenly drop in textile. Maybe we're willing to buy one month ago，but may not be buying... want to buy now！ Things like that！ So，for a salesman，also have to understand about the financial situation and things like that.

这一段录音是关于一个销售人员应具备的素质的讨论，是谈判过程中的一段口语语篇。从外商的话语中我们可以看出，他们认为中方销售人员的思路是有偏差的，认为中方在销售思路上更注重"市场信息"。在中方销售人员的回答中，虽然使用的是英语，但在这段话中体现出了明显的汉语语篇结构。中方销售人员的整段话分为三个层面。首先，肯定了对方的观点；其次，讲述了一系列证明自己观点的论据；最后，强调自己的观点。从整段话的表述上看，中方销售人员虽然表示同意对方的观点，但实际上又通过各种间接、迂回的方式来证明自己的观点。这是很常见的现象，不直接反驳对方的观点，而是先"把球接过来"，然后再巧妙地"把球打回去"。

下面是一位哈尔滨工业大学二年级中国学生用英语写的议论文：

Should students do business or not？

In recent years，doing business is very popular on the campus. More and more college students spend more time doing business. This phenomenon causes a lot of hot argument. Is it right or not ? In my opinion, we can not say it is right or wrong directly because the reason is complex. On the other hand, many students do business in order to reduce the burden of their families because their families have not enough money to support them. So their doing business is reasonable. We can not say it is not right. As to those students whose families are not very poor, some of them doing business just want to practice in the society and gain some experience. Earning money is not their main purpose. We can not say it is not right, either.

这篇论文呈现出明显的圆形思维，即便是由英文撰写而成的，却体现出了明显的汉语语篇结构组织规律，实际上这是由我们的思维模式所决定的。文章的主题是如何评价学生的经商现象，文章的观点非常明确，作者对此持赞成态度。而且理由也是充分的，贫困学生经商是出于经济上的考虑，而不是为了提高能力或是与社会相接触。在表达上是迂回的、间接的，而不是直接的。在中国人看来，这样的表达方式是巧妙的、委婉的、低调的，是最正常不过的现象。因此，中国教师会认为大二的学生可以写出这样的文章是很不错的。可以看出，教师评判这篇文章是根据中国文化的标准来的。但美国教师则认为这篇论文与西方人的思维方式是不一致的，表现为以下两个方面：第一，文章结构与西方那种解决问题的逻辑推理和演绎式的思维表述不同。这篇文章提出了问题："学生是否该经商？"但答案是模糊的："我不能直接断定是对的还是错的。"第二，文章的讨论方式也与西方的习惯相反，西方人习惯非此即彼的思维方式，要么肯定，要么否定，要么 yes，要么 no，不会模棱两可。这篇文章阐述了学生经商的截然不同的两个方面的原因，但结论是都有其合理性。那么对学生经商究竟应该如何评价、如何处置呢？贫困和非贫困又如何界定呢？看来问题没有解决。

（二）英语语篇结构的思路

西方人的思维方式所反映出的语篇结构特征是分析、抽象、线形的。这里的西方人主要是指说英语的国家的人，他们在写文章或是交谈过程中具有的特点是直入主题，开门见山，许多学者认为"逆潮式"结构方式是西方语篇结构的特征。在写作或交谈时，他们更倾向于先将主题说出来，这样能够引起对方的重视，这与中国文化中"前因后果"的理念是恰好相反的。美国商人对于东方文化这种间接式的交谈方式的感觉是："你所需要的全部东西是五个 w（what, where, when, why and how）。没有其他什么了。如果你需要的太多，你就会赔钱的。"美国文化演绎式的语篇结构与中国文化影响下形成的归纳式语篇结构是截然不同的。

实例1：美国人关于天气如何影响文化的一段谈话录音。

Climate affects the culture of a country. Men must learn to live within the limitations of their environment, and climate is an important part of the physical environment. Life in a tropical country is less strenuous and more casual than it is in a temperate one. Men work shorter hours and less vigorously in a hot climate, they cannot play hard either. They tire easily. They can relax by reading, by sipping cool drinks, or by listening to soothing music. They must try to conserve their energy. The wisest ones learn to respect the demands of nature.

从这段谈话中我们可以看出，谈话者直入主题，首先将自己的观点展现出来，随后举了三个例子来证明自己的观点，即他们工作时间短，精力也不是很旺盛；他们容易疲劳，生活得更加休闲，而不能玩得太疯；他们往往通过听音乐、读书来放松自己，进而储存能量。最后得出结论，即聪明的人已经意识到应该尊重自然环境的要求。

实例2：一位美国教师写的议论文。

Although the *New Testament* writers used the popular language of their day, they often achieved great dignity and eloquence. Convinced of the greatness of their message, they often wrote naturally and directly, as earnest men might speak to their friends. Although St. Mark's writing was not necessarily polished, he wrote with singular vigor and economy. St. John struggled with the language until he produced sparse and unadorned prose of great beauty. St. Paul, at his best, reached heights of eloquence which some consider unsurpassed in literature. St. Luke, the most brilliant of the *New Testament* writers, gave US Jesus' parable of the prodigal son. Taken as a whole, the work of these great Christian writers of the first century has a dignity and splendor all its own.

这篇论文由三个部分组成，即开头、正文、结尾，是典型的直线型表达方式。文章一开始作者就明确表明了观点，从第一句话中，读者就能清晰地看出作者是把 New Testament 当作文学作品而不是圣经来讨论的。在正文中，作者对作者分别进行了评论：圣马可的创作是简约、有活力的；圣约翰用朴实、精练创造出华美的文章；圣保罗的雄辩能力很难超越；圣卢克是最有才气的新约作者。这样作者就提供了充分的证据，使读者明白了为什么他如此坚信此书的作者们的文采会使本书受到世人的尊敬并享有雄辩的赞誉。作者在文章的最后又一次强调自己的观点，将文章的主题进一步阐明："基督的作者们享有尊严和荣耀。"

总的说来，观点鲜明，理由充分，结论明确，思维是演绎的，表达是直线的。

二、语篇结构差异的相对性

（一）语篇结构差异及交际失误

中美双方在进行交谈时，由于中国人间接、迂回的表达方式，不能将谈话的目的和要求直截了当地表达出来，美国人往往会说："Please get down to business."或"Well, what's on your mind？"。当中国人的话语没有直接切入主题，而是过多地陈述细节时，美国人对此往往会表现得非常烦躁，通常会使用"Let me see if I understand your main point..."这句话来打断中国人的讲话。因为美国人的思维模式和语篇结构是直线型的，并希望交谈的对方能够将主题直接表达出来。不同的写作和谈话的语篇结构，能够将不同文化下的思维方式反映出来，这在跨文化的交际中非常容易因此产生一系列的偏差和误解。

中国员工甲和美国员工乙是飞利浦照明公司旗下分公司的普通工人。中国员工和美国员工都在这家公司工作了一年之久，在工作经验方面也是得到了很多的积累，两名员工拥有较强的责任心和创造力，工作态度也是极为端正的，在业绩方面也是非常突出的，公司对两名员工在各方面的表现也是非常认同和满意的。正在这个时候，公司中的一名经理因一些原因去了另外一家分公司工作，此公司经理一职就空缺了下来，这家公司的副总裁是一个美国人，为了公司的正常运行，他决定经理这个职位就从中国员工甲和美国员工乙中选出一人来担任。因为两名员工在各方面的表现上不相上下，都是非常出色的，副总裁就想先了解一下两名员工对于自己职业发展的规划，然后再决定将经理这个职位给谁。

然而两名员工在表达方式上却产生了很大的差异。中国员工甲完全按照中国人谦虚、委婉的心理在进行介绍，在他看来，直接将自己想要得到这个职位的想法表达出来，是高傲自大的表现，所以他选择从公司的基本情况、晋升体制、未来的发展和自己在公司中的位置谈起，谈话由始至终都没有涉及副总裁所提出的问题。副总裁也没有从他的回答中了解到甲员工的实际想法，还表现出疑惑、不解，同时由于这样的事情发生过多次而感到烦躁。在双方交谈结束后，副总裁说道："中国员工甲为什么一直在绕圈子，而不是直接回答问题呢？我只是想知道他对自己的信心和对自己未来的规划而已。"而美国员工乙的表达方式是直接、明了的，他有信心自己能够担任起更高的职位，并希望能够获得更多展现自己的机会。

副总裁最后将经理这一职位给予了员工乙。因为他认为员工乙对自己的人生规划和奋斗目标更加清晰明确，同时对自己胜任这一职位是有信心的，具有一种拼搏的精神。这个案例中涉及了国籍、思维方式、生活习惯和文化背景不同的两个人，是非常典型的跨文化语言交际。实际上，员工乙和副总裁有着相同的背景，所以他对自己的人生规划与奋斗目标没有丝毫遮掩，直接表达出了自己的观点的这种方式是令副总裁感到满意的。而员工甲则花费了大量的时间谈论了一些与主题不相关的内容，这也是导致他失败的重要原因，这是一种交际的失误。

（二）语篇结构差异的相对性

在上述内容中，我们着重对东西方思维方式和篇章结构的差异进行了详细的讨论，并通过实际案例加以分析和论证。事实上，无论是在东方语篇结构还是在西方语篇结构中，我们都能够看到归纳式结构和演绎式结构的存在，只不过是多少和主次的问题。

中国古代著作《论语》就是一个典型的例子，《论语》记载了孔子和他的弟子之间的对话，在语篇结构上，大部分采用的是演绎式结构。孔子对于学生的教诲并没有像汉语篇章结构那样绕弯子，而是直截了当地表达出来。这种现象在现代的日常生活中也是较为常见的，如当我们和朋友偶遇时，我们会直接说"我们去喝点东西吧"。由此可以看出，在中国文化中同样会经常使用演绎式的语篇结构，特别是双方关系密切或地位平等时。实际上，这是由交际的语境所决定的，而不是受到了西方文化的影响。西方人也经常使用归纳式的语篇结构，如当美国人想让朋友帮自己办一件很不容易的事情或是想要借一大笔钱时，他们也会婉转地说明，先讲述原因，然后再将要求提出来。所以，在跨文化的交际中，我们不仅要考虑到文化的整体态势，还要对角色关系和交际情景等个体因素进行充分的考虑。

许力生曾对汉语和英语的语篇结构进行过研究，他发现，通常情况下，在发展模式上，大部分英语语料呈现出直线发展的模式。在实际的语篇中，使用直线发展模式的段落占 2/3，只有 1/3 的段落使用的是非直线发展的模式，下面就是一个典型实例：

Now who wrote that？Perhaps you say Hitler, or Goebbels, or one of our local anti-Semites？No, it was written by Saint John Chrysostom, in the fourth century A. D. Saint John Chrysostom, as you know, gave US the first liturgy in the Christian church still used in the Orthodox churches today. From it all services of the Holy Communion derive. Episcopalians will recognize him also as the author of that exalted prayer that closes the office of both matins and evensong in the Book of Common Prayer. I include this incident to show how complex the problem is. Religious people are by no means necessarily free from prejudice. In this regard be patient even with our saints.

在上述的英语段落中，作者并没有将观点直接提出来，而是先提出问题，语篇结构属于非直线的发展模式。在段落开头提出"谁写了那东西？也许你说是希特勒，或戈培尔，或我们当地反犹太分子中的一个？"的问题，供读者思考。然后告诉读者答案："不，那是圣约翰·克里索斯托姆在公元4世纪写的。"随后作者通过两个充分的理由来证明这一答案。直到最后作者才讲明自己的见解。我们在汉语语篇中经常见到这样的表达方式。

许力生收集的汉语语料的篇章结构，是直线模式和非直线模式都包含在内的。没有任何一篇汉语语篇是只使用其中的一种模式的。下面这个汉语语段就是直线发展模式：

社会需要法律的援助，法律援助也是需要社会的支持的。法律援助是指法律服务人员在不收费的情况下，为人们提供的法律服务。如今的现实情况是，很多贫困地区都没有拨法律援助费用，这就需要服务人员自己来承担在提供法律援助过程中产生的所有费用。社会上有太多的人需要法律援助，仅仅依靠法律服务人员是远远不够的。实际上，这是一种社会保障工程，属于政府行为，需要各级政府和社会提供一定的经济支持。如果得不到这些方面的支持，这一项目就无法长久地发展下去。

在上述例子中，作者直接切入主题，表达出了自己的观点，随后将这一工程在当前存在的一些问题进行说明，再进行一系列的论证，最后再进一步进行强调，这样的表达方式就是直线型语篇结构模式。

参考文献

[1] 蔡振生．中日文化比较 [M]．北京：北京语言学院出版社，1994．

[2] 常敬宇．汉语词汇与文化 [M]．北京：北京大学出版社，1995．

[3] 陈建民．语言文化社会新探 [M]．上海：上海教育出版社，1989．

[4] 陈原．社会语言学：关于若干理论问题的初步探索 [M]．北京：商务印书馆，1984．

[5] 戴元光，邵培仁，龚炜．传播学原理与应用 [M]．兰州：兰州大学出版社，1988．

[6] 费孝通．乡土中国 [M]．北京：人民出版社，2015．

[7] 郭熙．中国社会语言学（增订本）[M]．杭州：浙江大学出版社，2004．

[8] 何善芬．英汉语言对比研究 [M]．上海：上海外语教育出版社，2002．

[9] 何新．中国文化史新论 [M]．哈尔滨：黑龙江人民出版社，1987．

[10] 何兆熊．新编语用学概要 [M]．上海：上海外语教育出版社，2000．

[11] 胡明扬．语言学概论 [M]．北京：语文出版社，2000．

[12] 胡文仲．跨文化交际学概论 [M]．北京：外语教学与研究出版社，1999．

[13] 胡文仲．文化与交际 [M]．北京：外语教学与研究出版社，1994．

[14] 贾玉新．跨文化交际学 [M]．上海：上海外语教育出版社，1997．

[15] 姜望琪．当代语用学 [M]．北京：北京大学出版社，2003．

[16] 金惠康．跨文化交际翻译 [M]．北京：中国对外翻译出版公司，2003．

[17] 李信．中西方文化比较概论 [M]．北京：航空工业出版社，2003．

[18] 李延林，潘利锋，郭勇．英语文化翻译学教程 [M]．长沙：中南大学出版社，2006．

[19] 李战子. 话语的人际意义研究 [M]. 上海：上海外语教育出版社，2002.

[20] 连淑能. 英汉对比研究 [M]. 北京：高等教育出版社，1993.

[21] 梁漱溟. 中国文化要义 [M]. 上海：上海人民出版社，2011.

[22] 林宝卿. 汉语与中国文化 [M]. 北京：科学出版社，2000.

[23] 林语堂. 中国人 [M]. 上海：学林出版社，2002.

[24] 刘啸. 圣贤语录与文化现象 [M]. 北京：中国青年出版社，1989.

[25] 刘焕辉. 言语交际学基本原理 [M]. 南昌：江西教育出版社，1997.

[26] 刘述先. 文化哲学 [M]. 哈尔滨：黑龙江教育出版社，1988.

[27] 柳肃. 礼的精神：礼乐文化与中国政治 [M]. 长春：吉林教育出版社，1990.

[28] 平洪,张国扬. 英语习语与英美文化 [M]. 北京：外语教学与研究出版社，2000.

[29] 乔健，潘乃谷. 中国人的观念与行为 [M]. 天津：天津人民出版社，1995.

[30] 沙莲香. 传播学 [M]. 北京：中国人民大学出版社，1990.

[31] 王玉波. 历史上的家长制 [M]. 北京：人民出版社，1984.

[32] 吴景超. 唐人街：共生与同化 [M]. 天津：天津人民出版社，1991.

[33] 吴为善. 透视汉语交际技巧 [M]. 上海：上海古籍出版社，2005.

[34] 伍谦光. 语义学导论 [M]. 长沙：湖南教育出版社，1988.

[35] 熊学亮. 认知语用学概论 [M]. 上海：上海外语教育出版社，1999.

[36] 许力生. 语言研究的跨文化视野 [M]. 上海：上海外语教育出版社，2006.

[37] 许余龙. 对比语言学 [M]. 上海：上海外语教育出版社，2002.

[38] 苑子熙. 应用传播学 [M]. 北京：北京广播学院出版社，1991.